ネイティブはこう使う！
マンガでわかる
形容詞・副詞

デイビッド・セイン

西東社

はじめに

　ネイティブでも文章を読むときには、まず「主語」と「動詞」を意識します。それさえ理解すれば、文の意味をほぼ押さえられたと考えてよいでしょう。「主語」と「動詞」はいわば文の主役たち。ただ、それだけでは何とも味気ない白黒写真にすぎません。

　実はその写真に色彩をつけるのが「形容詞」と「副詞」です。a rose よりもa beautiful roseと言うほうがずっとバラの様子が生き生きと感じられ、I eat out.よりもI always eat out.と言うほうが「私の生活」をより詳しく伝えることができます。このように何の変哲もない文章や言葉を盛り立てる名脇役が「形容詞」と「副詞」なのです。

　本書は、誰もが知っている形容詞・副詞からスタートし、最終的に上級者の形容詞・副詞をマスターします。PART4を読み終える頃には、あなたの英語力は格段に飛躍するでしょう。マンガとともに読み進めることで、いっそう理解度が上がるはずです。英語はちょっとしたニュアンスの違いが非常に重要になります。その違いを正しく理解することで、あなたの英語表現はさらに広がり、ネイティブに近づくことができるのです。

　Enjoy English!

デイビッド・セイン

登場人物紹介

会社

山口君
翔太の同僚。大阪出身で英語は得意。今回「たこ焼きアート教室」に通いたこ焼き道を極める!?

島田君
翔太の後輩。ちょっと天然だが、なんとも憎めない性格。何でもデコってしまうクセをもつ。

翔太
英語を勉強中のサラリーマン。みんなから好かれる明るい性格。ケイトに好意を寄せている。

キャサリン
愛称はケイト。翔太と同じ会社で働くイギリス人女性。一生懸命働く翔太を高く評価している。

山田家

マイケル
通称・マイク。翔太の家にホームステイするアメリカ人。忍者マニアで日本が大好きな青年。

葵
翔太の妹。英語が得意な大学生。念願のアメリカ留学が叶い、マイケルの実家にホームステイする。

道場

長野めぐみ
マイケルが通う空手道場の先生。優しい女性だが、練習では一変、コワイ性格になる一面が…。

大学

ジョン
葵と同じ大学に通うイギリス人留学生でサークルも一緒。彼女に淡い恋心を抱いている。

マイク一家

マイケルの弟とその両親。アメリカ在住。今回葵のホームステイ先として彼女の世話をすることに。

チャーリー

お父さん

お母さん

本書の使い方 ……………………… 8

形容詞/副詞 の ビジュアル図解 …… 10

PART 1 基本の形容詞・副詞

19〜63

レッスン1	large / big 信じたのが大きな間違いだった!	20
レッスン2	little / small 小さな村に住むちっちゃな少年。	24
レッスン3	many / much あまり興味ないみたいだね…。	28
レッスン4	good / fine 彼はいい人だけど…?	32
レッスン5	tall / high あの人、背が高いわね。	36
レッスン6	low / short 短い映画だったね。	40
レッスン7	ago / before 以前に行ったことがあります!	44
レッスン8	so / very 超興奮した!	48
レッスン9	pretty / cute かわいらしいね!	52
レッスン10	probably / maybe たぶん来ると思うよ…!	56
レッスン11	wise / clever 彼はできた人だ。	60

PART 2 身近な形容詞・副詞① 65〜121

レッスン 1	whole / all	本全部読んだの!?	66
レッスン 2	just / exactly	ぴったり2,000円…?	70
レッスン 3	final / last	ラストオーダーの時間ですが…。	74
レッスン 4	fast / quick	即決だったね。	78
レッスン 5	lately / recently	近頃忙しいな。	82
レッスン 6	always / usually	いつも外食だよ。	86
レッスン 7	wide / broad	広大な川! 広大な野原!	90
レッスン 8	wonderful / great	すばらしい眺めだね。	94
レッスン 9	delicious / tasty	なんておいしい食事!	98
レッスン 10	angry / mad	何か怒ってる?	102
レッスン 11	silent / quiet	何で黙り込むの?	106
レッスン 12	cool / cold	今日は涼しい日だな。	110
レッスン 13	hot / warm	暖かくして休んでね。	114
レッスン 14	sure / certain	すぐによくなるよ。	118

PART 3 身近な形容詞・副詞②　123〜179

レッスン 1	happy / lucky	喜んでお手伝いします!	124
レッスン 2	true / real	これは実話です…。	128
レッスン 3	true / right	それ本当なの?	132
レッスン 4	normal / ordinary	天才と凡人は違うんだよ。	136
レッスン 5	popular / famous	街で一番人気の店ね。	140
レッスン 6	personal / private	私的な時間でやりなさい!	144
レッスン 7	fat / heavy	お前だって太っているぞ!	148
レッスン 8	interesting / funny	面白い冗談ね。	152
レッスン 9	wrong / false	虚偽情報をつかまされた!	156
レッスン 10	funny / strange	何か変だぞ?	160
レッスン 11	seldom / hardly	ほとんど一緒に過ごしていないね。	164
レッスン 12	hard / solid	硬くなったパンしかないよ。	168
レッスン 13	professional / expert	彼は精通しているけど…!	172
レッスン 14	old / senior	年寄り社員さ。	176

PART 4 できると思われる！形容詞・副詞　181〜221

レッスン 1	old / antique	骨董品の時計じゃないか！	182
レッスン 2	actually / really	本当に安いんだって！	186
レッスン 3	lazy / idle	暇な時間は何してたの？	190
レッスン 4	sound / healthy	健康的な食生活を心がけよう。	194
レッスン 5	ill / sick	気分が悪い…。	198
レッスン 6	slender / skinny	もともとガリガリの犬なんだ。	202
レッスン 7	overseas / foreign	外国でも日本の情報は必要だしね。	206
レッスン 8	shy / embarrassed	恥ずかしがらないで。	210
レッスン 9	disappointed / shocked	がっかりしているわ。	214
レッスン 10	finally / eventually	ついに結婚…!?	218

感情・気分を表す形容詞　………… 64
味を表す形容詞　………… 122
天気・天候を表す形容詞　………… 180
形容詞・副詞の索引　………… 222

本書の使い方

本書は、ネイティブがどんな感覚で形容詞と副詞を使うのか、マンガを読みながら楽しく学べるように構成しています。

レッスン 1　large / big 〔形容詞〕

信じたのが大きな間違いだった！

「大きさ」を表す代表格はlargeとbigです。互換性のある形容詞ですが、発言者が頭の中で何を言おうとしているかによって使い分ける必要があります。

比較する2つの単語をチェック！

最初に、このレッスンで解説する代表的な2つの単語とその概要について紹介しています。

マンガで意味と使い方を学ぶ！

まずはマンガを読んで、形容詞や副詞の意味、使い方の実例を学んでおきましょう。

コアイメージを確認しよう！

形容詞・副詞のコアイメージをアイコンで表示。使い方の違いをビジュアルで理解します。

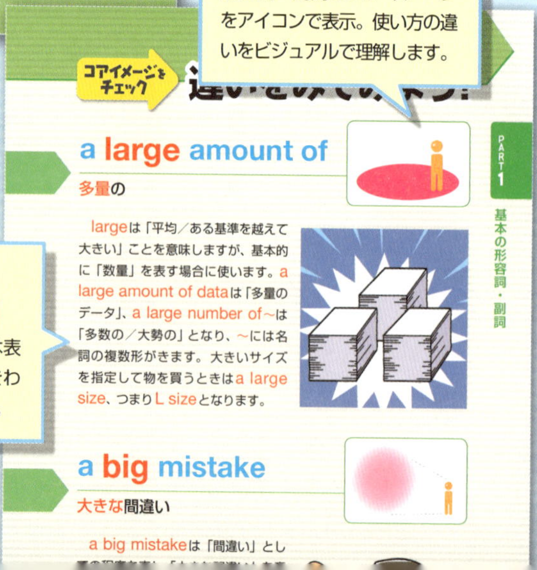

コアイメージをチェック　違いを見てみよう！

a large amount of

多量の

largeは「平均／ある基準を越えて大きい」ことを意味しますが、基本的に「数量」を表す場合に使います。a large amount of dataは「多量のデータ」、a large number of〜は「多数の／大勢の」となり、〜には名詞の複数形がきます。大きいサイズを指定して物を買うときはa large size、つまりL sizeとなります。

a big mistake

大きな間違い

a big mistakeは「間違い」とし

ニュアンスの違いをマスター！

「違いを見てみよう！」では表現の微妙な違いや応用例をわかりやすく解説しています。

PART 1　基本の形容詞・副詞

ワンランクアップ 理解を深めよう！

📁 「高い」を使い分けよう

- That's a **tall** cherry tree in the park.
  あれは高い桜の木です。
- The ceiling is **high**.
  天井が高いです。 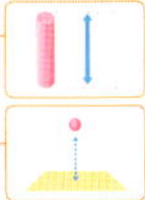
- It's **expensive** to commute by train.
  電車通勤は（値段が）結構かかります。
- Lying to my boss was a **costly** mistake.
  上司に嘘をついたのは高くついたミスでした。

地面にしっかり根を下ろした桜の木を表現するのはtallですが、天井の高さを指す場合は、高さのレベルを意識しているのでhighになります。同じ「高い」でも「値段」の高さはexpensiveですが、この場合は単に金額のみの話です。
そしてexpensiveに似ているようでちょっと違うのがcostlyです。これは「ダメージがある／高くつく」を意味します。

expensive
結構かかる

a costly mistake
高くついたミス

表現の幅を広げよう！
「理解を深めよう！」では関連する形容詞・副詞を紹介します。これで表現力を高めます。

ビジュアル図解で理解を深める！
文例と一緒にビジュアルのイメージ図を確認しましょう。より理解を深めることができます。

さらにステップアップ！

レッスン 5

使える！ネイティブ表現

- He has expensive tastes.
  彼は高級志向だ。
- She left me high and dry.
  彼女は私を見捨てた。
- He's always telling tall tales.
  彼はいつもほら話をしている。

ポイント 口語のtallには「おおげさな／荒唐無稽な」の意味があります。tall taleは「信じられないほら話」ということになります。

Quiz （ ）の中に入るのはtall？high？

Look at that skyscraper! — It's so ( )!
「あのの高層ビルを見て！」「わぁ、何て高いの！」

夜空にくっきりそびえ立っているskyscraper「高層ビル」の高さに驚くとき、人は地面にある土台を意識してはいません。この場面での「高さ」を言うとき、地面からの高さを表すtallではなく、あくまで「高さ」のレベルに重きをおくhighを使います。　［答え］high

楽しく学ぶワンポイントレッスン
「使える！ネイティブ表現」やミニコラムで応用力をサポートします。

「Quiz」を解くことで本書で学んだことのおさらいをしましょう。

日常生活で使える便利な表現をピックアップして紹介しています。

形容詞や副詞の微妙なニュアンスや使い方をさらに詳しく解説。

形容詞・副詞のビジュアル図解

本書で紹介している形容詞・副詞には、微妙な意味の差があります。
ここでは、それぞれのコアイメージを紹介し、その違いを確認しましょう。

PART 1 基本の形容詞・副詞

形　大きい　➡ P20

large (数量が) 大きい

big (程度が) 大きい

形　小さい　➡ P24

little ちっちゃい（という感情が入る）

small (数量が) 小さい

形　多い　➡ P28

many (数が) 多い ※可算名詞につく

much (量が) 多い ※不可算名詞につく

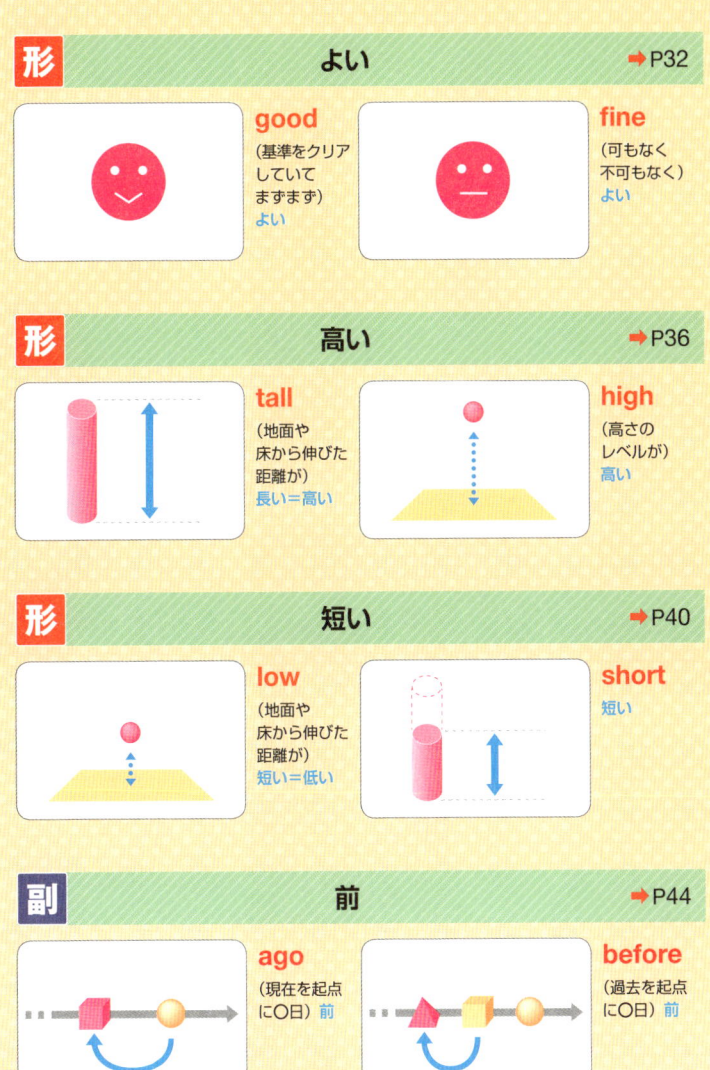

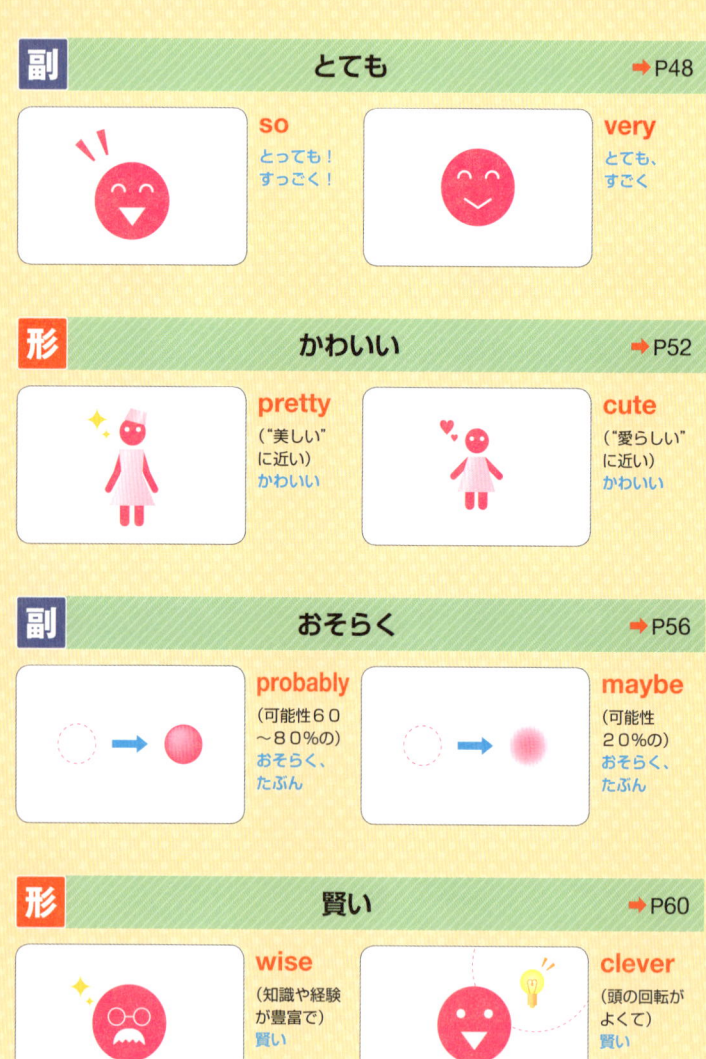

PART 2　身近な形容詞・副詞①

形　全部　→P66

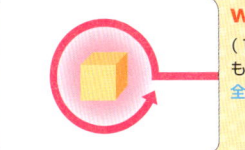
whole
(1つの
ものの)
全体

all
(単体が
集まった)
全体

副　ぴったり　→P70

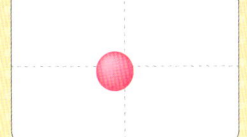
just
ちょうど〜
だけ

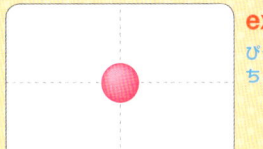
exactly
ぴったり、
ちょうど

形　最後　→P74

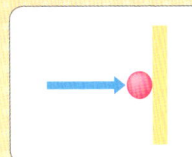
final
(次がない)
最後

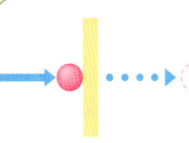
last
(1つの連続
したものの)
最後

形　早い　→P78

fast
(スピードが)
速い

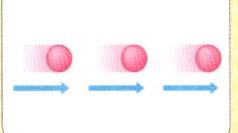
quick
(短時間での
行動が)
速い、迅速

PART3 身近な形容詞・副詞②

形 幸せな　→P124

happy
（本人の気持ちを表す）
幸せな

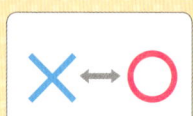
lucky
（本人の努力と関係がなく）
幸せな

形 本当の　→P128

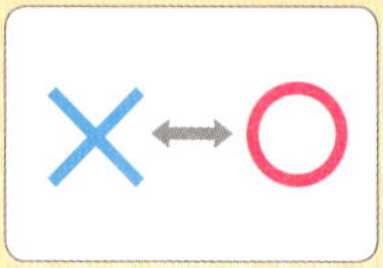

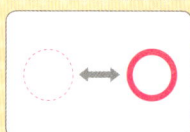
true
（嘘／偽物ではない）
本当の

real
（実際に存在する）
本当の

形 正しい　→P132

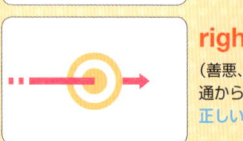
true
（嘘／偽物ではない）
本当の、正しい

right
（善悪、物事の通から）
正しい

形 普通な　→P136

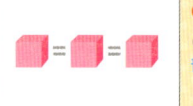
normal
（標準的に）
普通な

ordinary
（ありふれた）
普通な

形 人気の　→P140

popular
（有名なだけではない）
人気のある

famous
（著名で）
名の知れた

形 個人的な　→P144

personal
（内面に関わる）
個人的な

private
（公的ではない）
個人的な

形 太った →P148

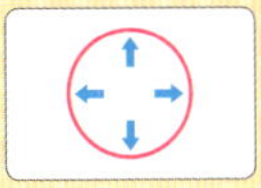

fat
太い
(脂肪が多い)

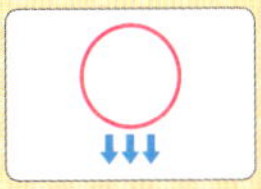

heavy
太い
(体重が多い)

形 面白い →P152

interesting
面白い
(関心がある)

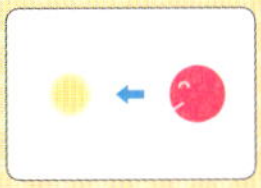

funny
面白い
(おかしみがある)

形 違う →P156

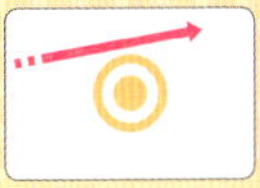

wrong
(意見／道徳的な)
間違い

false
(本当／真実ではない)
嘘、偽物

形 おかしい →P160

funny
(通常とは違って)
おかしい

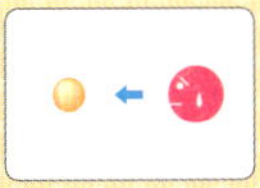

strange
(一風変わって)
おかしい、奇妙な

副 ほとんど〜ない →P164

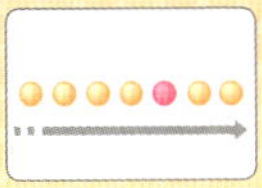

seldom
(頻度・回数が)
ほとんど〜ない

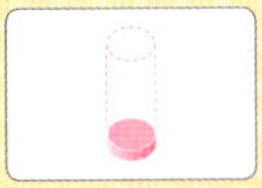

hardly
(量・程度が)
ほとんど〜ない

形 固い、硬い →P168

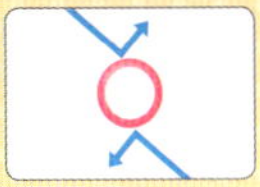

hard
(表面が)
固い

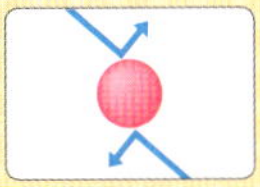

solid
(中身まで)
固い

形 専門的な →P172

professional
(報酬が発生する)
専門家

expert
(報酬が発生しない)
専門家

形 年をとった →P176

old
(物質的に古い)
年寄りの

senior
(比較して)
年長の

PART 4 できると思われる！形容詞・副詞

形　古い　→P182
- **old** 古い（物質的に）
- **antique** 古い（価値がある）

副　本当に　→P186
- **actually** 実際に、実は
- **really** 本当に

形　怠惰な　→P190
- **lazy** （いやがって）怠けている
- **idle** （理由があって）怠けている

形　健康的な　→P194
- **sound** （心身ともに）健全な
- **healthy** （身体が）健康な

形　具合が悪い　→P198
- **ill** （重い病気で）具合が悪い
- **sick** 体調不良、吐き気がする

形　やせている　→P202
- **slender** すらりとしている
- **skinny** ガリガリの

形　外国の　→P206
- **overseas** （海を隔てた）外国の
- **foreign** 外国の

形　恥ずかしい　→P210
- **shy** 恥ずかしい（元来の気質）
- **embarrassed** 恥ずかしい（言動によって）

形　残念な　→P214
- **disappointed** （予想や期待が裏切られ）がっかりした
- **shocked** （急な）衝撃を受けた、びっくりした

副　最終的に　→P218
- **finally** （淡々と）ついに
- **eventually** （いろいろあったけど）ついに

PART 1
基本の形容詞・副詞

似たような意味の形容詞・副詞でもそれぞれ微妙にニュアンスが異なります。PART 1では誰もが知っている単語を例にとり、その違いを翔太たちとともに学びましょう。

レッスン 1 [形容詞]

large / big
信じたのが大きな間違いだった！

「大きさ」を表す代表格はlargeとbigです。互換性のある形容詞ですが、発言者が頭の中で何を言おうとしているかによって使い分ける必要があります。

> コアイメージをチェック

違いをみてみよう!

a large amount of
多量の

　largeは「平均／ある基準を越えて大きい」ことを意味しますが、基本的に「数量」を表す場合に使います。a large amount of dataは「多量のデータ」、a large number of〜は「多数の／大勢の」となり、〜には名詞の複数形がきます。大きいサイズを指定して物を買うときはa large size、つまりL sizeとなります。

a big mistake
大きな間違い

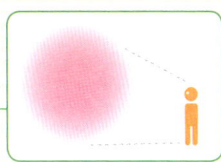

　a big mistakeは「間違い」としての程度を表し「大きな間違い」を意味します。He's a large man.なら「彼は体の大きな男性だ」ですが、He's a big man.ならば「彼は重要人物だ」の意味になります。a big star「大スター」のbigは、スターとしての「程度」を表します。bigはlargeに比べてインフォーマルです。

PART 1　基本の形容詞・副詞

理解を深めよう！

「大きい」を使い分けよう

大きさの度合い

- **We went to a large concert in New York.**
  私たちはニューヨークの大型コンサートに行きました。

- **We had a big party in our office.**
  私たちの事務所で大きな（おっきな）パーティーがありました。

- **My performance at the party was a huge hit.**
  パーティーでの私のパフォーマンスは大受けでした。

- **I sang at the department store's grand opening.**
  私はデパートのグランド・オープニングで歌いました。

- **He works for a mega bank in New York.**
  彼はニューヨークのメガバンクに勤めています。

　a large concertは、ほかのコンサートに比べて「規模の大きなコンサート」ですが、a big partyは感情を込めた「おっきな」のニュアンス。一方hugeは数量ともにlarge / bigよりも大きいことを強調し、a huge hit「大受け」は広告などによく使われます。

　またgrandはGrand Canyonでわかるとおり、建物や自然、イベントなどが「壮大／雄大」であることを表現します。

　megaには「巨大な」の意味があり、a mega bankは「巨大銀行」を表します。日常会話で使う場合は、「超」のニュアンスで、たとえばI had a mega headache!は「超頭が痛い！」となります。

レッスン 1

a huge hit

大受け

a grand opening

グランド・オープニング

a mega bank

メガバンク

PART 1 基本の形容詞・副詞

とっさのワンフレーズ

I'm big on being on time.
私は時間厳守を大切にしています。

bigには「大切な／重要な」の意味があります。be big onという熟語になると「〜を大切に思う／重要視する」になります。onの後にくるのは名詞か動名詞です。being on time「時間厳守」を重要視するということ。またI'm big on skiing.なら「私はスキーが大好き」の意味。

レッスン 2

little / small

形容詞

小さな村に住むちっちゃな少年。

「小ささ」を主に表すsmallとlittleは、それぞれlargeとbigに対応します。意味の捉え方はとても似ているので、ひとまとめにして覚えましょう。

> コアイメージをチェック 違いをみてみよう!

a little boy

ちっちゃな男の子

　同じ「小さい」でも他者と比較をするsmallと違い、littleは「ちっちゃい」という感情が入っています。I have a small cat.が「小さいネコを飼っている」という事実を述べているのに対してa little catは「ちっちゃくてかわいい」というニュアンスを含みます。a big manに対応するa little manは「凡人／普通の男性」。

a small village

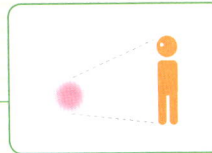

小さな村

　I was born in a small village.「私は小さな村で生まれた」のsmall villageは他所との相対的な比較から「小さな村」という事実を述べています。またlargeと対応し、a small amount / number of ～「少量の／少数の」と「数量」の多寡を表します。飲み物などの小さなサイズを表すのはa small size、つまりS sizeです。

理解を深めよう！

「小さい」を使い分けよう

小ささの度合い

- **I have a little mouse.**
  ちっちゃなネズミを飼っています。

- **I forgot a small detail.**
  ささいなことは忘れてしまいました。

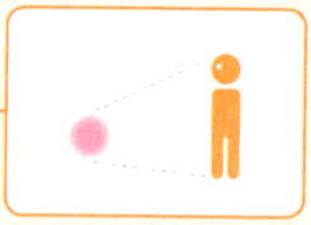

- **She has a cute rabbit.**
  彼女は（ちっちゃくて）かわいいうさぎを飼っています。

- **She has really petite hands.**
  彼女は本当に小さな手をしています。

- **There's a tiny insect on my computer screen.**
  コンピュータ画面にちっちゃな昆虫がいます。

small detailは「ささいなこと」という意味です。同じ「小さい」でもlittleには「かわいい」というニュアンスがあり、my little girl「かわいい子」とは言いますが、my small girlとは言いません。

cuteも実は同じ「小さい」を表しますが、イメージとしては「ちっちゃい／かわいい」になります。小さな赤ちゃんを見て、思わず口をついて出る「かわいい！」は、cuteがしっくりきます（➡P52）。petiteは特に小柄で魅力的な人に対するほめ言葉として使われます。

ほかに「小さい」を表すtinyは、「極めて小さい／ちっぽけな」の意味になります。

レッスン 2

- a cute rabbit

ちっちゃなうさぎ

- petite hands

小さな手

- a tiny insect

ちっちゃな昆虫

PART 1 基本の形容詞・副詞

とっさのワンフレーズ

I'm a little short of money.

懐が寒い。

コンサートに誘われて「無理。今、ちょっと懐が寒いんだよ」と言う場合、short of～「～が足りない／不足している」にa little「ちょっと」をつければ、金欠の状況にピッタリです。事はもっと悲惨で、「寒いどころではない。すっからかんだよ」と言いたい場合はI'm broke.です。

レッスン 3 many / much 形容詞

あまり興味ないみたいだね…。

manyとmuchの違いは、manyが数えられる名詞（可算名詞）の「多数」を表し、muchが数えられない名詞（不可算名詞）の「多量」を表すことです。

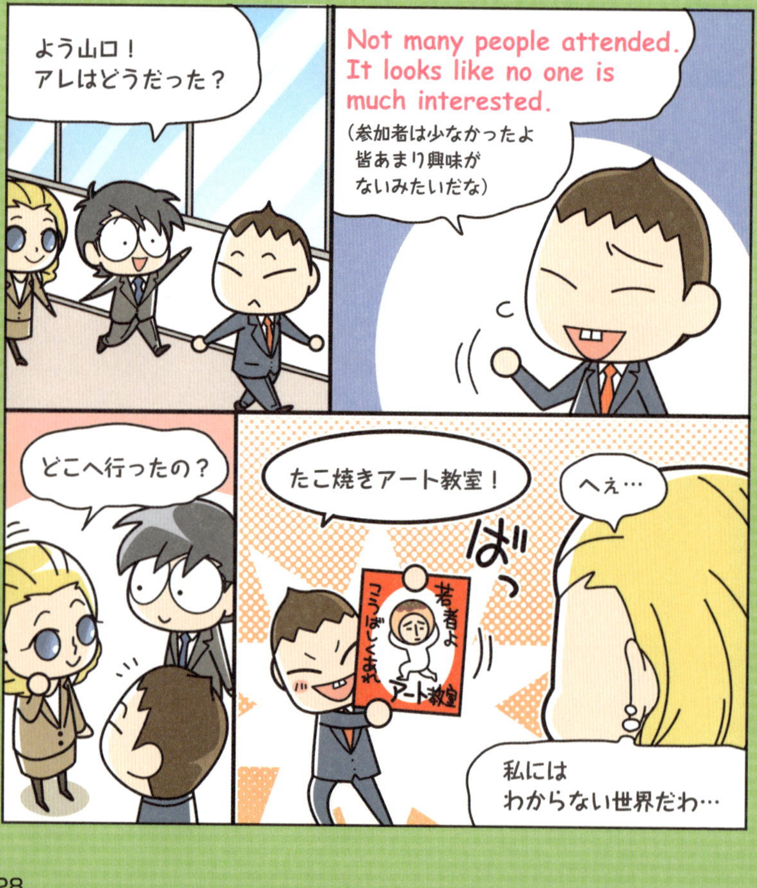

よう山口！アレはどうだった？

Not many people attended. It looks like no one is much interested.
（参加者は少なかったよ 皆あまり興味がないみたいだな）

どこへ行ったの？

たこ焼きアート教室！

へぇ…

私にはわからない世界だわ…

コアイメージをチェック 違いをみてみよう！

many people
大勢の人々

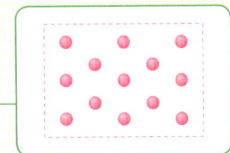

可算名詞について「数の多さ」を表すのがmany。ほとんどの場合、名詞は複数形です。このmanyですが、実はネイティブにとっては肯定文より、否定文で使われるほうがずっと自然に聞こえます。たとえば、「あまり多くの学生はセミナーに参加しなかった」Not many students attended the seminar. のように使われます。

much interest
多くの興味

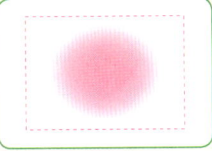

不可算名詞について「量」の多さを表すのがmuchです。interest「興味」、effort「努力」など、数えられない名詞についてその「量」を表します。I don't have much interest.「あまり興味はありません」のように、否定文で使われるのはmanyと同じ。manyと違ってmuchには形容詞だけでなく副詞の働きもあります。

PART 1 基本の形容詞・副詞

理解を深めよう！

「たくさんの」を使い分けよう

多さの度合い

- **Are there many Japanese restaurants in America?**
  アメリカには多くの和食レストランがありますか。

- **I don't like fatty food very much.**
  脂分の多い食事はあまり好きではありません。

- **I still have plenty of money.**
  まだ十分お金があります。

- **I have a lot of things to do today.**
  今日はするべきことがいっぱいあります。

- **That country is facing numerous problems.**
  その国はおびただしい数の問題に直面しています。

　manyは可算名詞（複数）につきますが、日常会話よりは、論文などフォーマルな場合に多く使われます。
　一方muchは不可算名詞（複数）につきますが、I eat too much fatty food.のように肯定文で使うと不自然。その場合に便利なのがa lot ofです。可算名詞、不可算名詞の両方に使え、否定文・肯定文・疑問文に限らず自然に使えます。
　a lot ofのほかにもlots ofがありますが、これはカジュアルな言い方になります。plenty ofは主観的な言葉で「自分にとってはたっぷりな」の意味合いになります。numberの仲間のnumerousは知的なイメージのある言葉で、時事問題や、ニュースなどによく登場します。

レッスン 3

PART 1 基本の形容詞・副詞

plenty of money

十分なお金

a lot of things

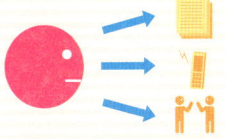

たくさんのもの

numerous problems

おびただしい数の問題

どっちがどっち?

humid 湿気のある　　**damp** じめじめした

「湿った」を表すhumidとdampは、天候の話をする場合はあまり違いなく使えますが、タオルが湿気っている場合には、The towel is damp.で、humidとは言いません。dampは太陽の明るい光とは不似合いで、darkやcoldのイメージがあります。

レッスン 4

形容詞

good / fine

彼はいい人だけど…？

日本語で「よい」と言っても「とてもよい」のか「そこそこよい」のか「許容範囲なのか」…それぞれニュアンスが違いますが、そこは英語も同じです。

違いをみてみよう！

a good person
よい人

　人を評する言い方として「まずまずでしょう」という意味で使われるのがgoodです。ネイティブにとっては、「基準値をクリアしている／まあ満足できる」というニュアンス。Good night.はHave a good night.の略ですが、「よい夜を」のgoodに大げさな意味はありません。a good scoreであれば、「よい成績」の意味です。

a fine day
天気のよい日

　ネイティブは実際あまり使いませんが、fineで頭にまず浮かぶのは、How are you?に対するI'm fine, thank you.の返事でしょう。このfineは「特に可もなく不可もない」のニュアンスです。It's a fine day.は「天気のよい日」の意味で、「まあまあいい天気」ということ。「快晴」であればa clear day（→P180）。

理解を深めよう！

「よい」を使い分けよう

よさの度合い

- **Their proposal was satisfactory.**
  彼らの企画書はまあまあでした。

- **I'm okay.**
  私は大丈夫です。

- **Either day would be fine for me.** —
  私はどちらの日でも大丈夫です。

- **Today was a good day for us.** —
  今日は私たちにとってはよい日でした。

- **The nurses were really nice.**
  看護師さんたちはとてもよい人たちでした。

　何かを評して言うsatisfactoryは「ぎりぎり／まあいい」の意味です。具合が悪いあなたを心配してくれる人にI'm okay.と言うときは、「何とか大丈夫」の意味で、ややネガティブなニュアンスに。
　niceを人に対して使う場合は、もちろん「いい人」なのですが、むしろ「親切な人」の訳のほうがぴったりきます。
　一方「どちらでも大丈夫です」と言うときに使うfineは、「まぁ大丈夫」というニュアンスです。「よい」を表すgoodは、冷静な目から見た「よい状態」を表しています。

レッスン 4

a satisfactory proposal

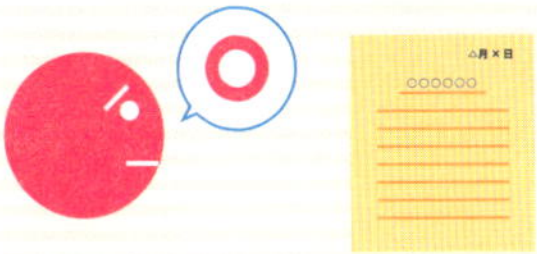

まあまあの企画書

I'm okay.

大丈夫

nice nurses

よい看護師

PART 1 基本の形容詞・副詞

とっさのワンフレーズ

This PC is good for nothing.

このPCは役立たずです。

goodには「役に立つ」の意味があります。good for nothingは「何の役にも立たない」すなわち「役立たず／つかえない」の意味。物だけでなく人に対しても使え、my good-for-nothing colleagueなら「役立たずの同僚」、He's good for nothing.なら「彼は使えないね」。

レッスン5 形容詞

tall / high

あの人、背が高いわね。

highとtallは同じように「高さ」を表す形容詞ですが、使う場面が異なる場合があります。大きな違いは、highは人間の高さには使わないことです。

コアイメージをチェック 違いをみてみよう！

a tall building
高い建物

　a tall building「高い建物」、a tall boy「背の高い少年」はtallとの組み合わせとしてよく使われます。このtallが表す高さはその人、物が立っている地面や床などから上に伸びた距離と考えます。最近、市販のコーヒーのサイズにL (large) のほかにtallもありますが、これは横幅がそれほどなく背の高いカップのことです。

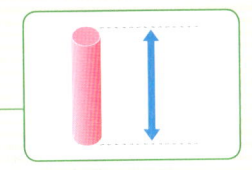

high evaluations
高い評価

　富士山はthe highest mountain in Japanです。tallと同じ「高さ」を表しますが、高さのレベルに重きを置いた形容詞です。ベランダに出て「わぁ高い」と言うならtallではなくIt's so high!になります。品質の高さや地位の高さを表すのもhigh。「高品質」high quality、「上流社会」high societyと表します。

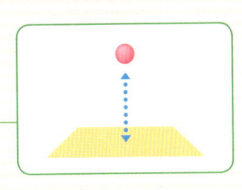

理解を深めよう！

「高い」を使い分けよう

- **That's a tall cherry tree in the park.**
  あれは高い桜の木です。
- **The ceiling is high.**
  天井が高いです。
- **It's expensive to commute by train.**
  電車通勤は（値段が）結構かかります。
- **Lying to my boss was a costly mistake.**
  上司に嘘をついたのは高くついたミスでした。

　地面にしっかり根を下ろした桜の木を表現するのはtallですが、天井の高さを指す場合は、高さのレベルを意識しているのでhighになります。同じ「高い」でも「値段」の高さはexpensiveですが、この場合は単に金額のみの話です。
　そしてexpensiveに似ているようでちょっと違うのがcostlyです。これは「ダメージがある／高くつく」を意味します。

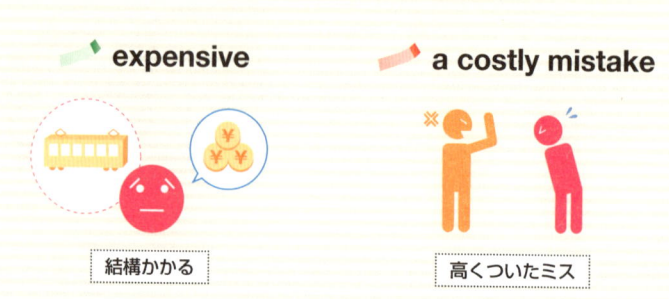

expensive
結構かかる

a costly mistake
高くついたミス

レッスン 5

使える! ネイティブ表現

- **He has expensive tastes.**
  彼は高級志向だ。

- **She left me high and dry.**
  彼女は私を見捨てた。

- **He's always telling tall tales.**
  彼はいつもほら話をしている。

> **ポイント** 口語のtallには「おおげさな／荒唐無稽な」の意味があります。tall taleは「信じられないほら話」ということになります。

Quiz （ ）の中に入るのはtall？ high？

Look at that skyscraper! ― It's so （　）!
「あの高層ビルを見て！」「わぁ、何て高いの！」

夜空にくっきりそびえ立っているskyscraper「高層ビル」の高さに驚くとき、人は地面にある土台を意識してはいません。この場面での「高さ」を言うとき、地面からの高さを表すtallではなく、あくまで「高さ」のレベルに重きをおくhighを使います。　[答え] **high**

PART 1 基本の形容詞・副詞

レッスン 6 — low / short   **形容詞**

短い映画だったね。

「低い」を表すshortとlowはそれぞれtallとhighに対応しています。「高さ」という視点から「低さ」を表すshortはtall以外にlong「長い」の反対語。

That was a low quality short film.
(クオリティの低い短い映画だったな)
とっても損した気分だ

ごめんね葵 今度はもっと面白い映画に…

名作だったわ…

そ…それはよかった…

ハイ ハンカチ

コアイメージをチェック 違いをみてみよう！

low quality
低品質

　lowは「低さのレベル」や「位置の低さ」に重点が置かれていますが、low quality「低い品質」、low cost「低いコスト」のように、テーブルや椅子などの物質だけに使われるわけではありません。「賃金の高低」もa high / low wage、「出生率の高低」もa high / low birthrateのようにhigh / lowを使って表します。

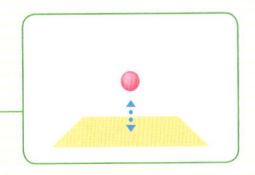

a short film
短編映画

　a tall manに対するのはa short man「背の低い男性」ですが、a tall treeに対しa short treeとはあまり言いません。shortはむしろ「低い」より「短い」の意味で多用され、a short filmであれば、「短い映画」➡「短編映画」になります。またshort noticeは「急な（直前の）知らせ」となります。

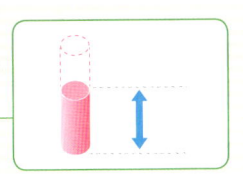

理解を深めよう！

「低い」を使い分けよう

- **The temperatures get really low in January.**
  1月は、気温がとても低くなります。

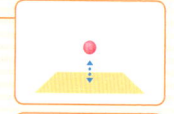

- **Winter days feel really short.**
  冬の日はとても短く感じます。

- **I found a lowly street cat.**
  みすぼらしい野良猫を見つけました。

- **I took my friends to my humble home.**
  私は友人を質素な我が家へ連れて帰りました。

- **At first, the cat was reserved, but now he's the boss.**
  最初その猫は遠慮していましたが、今ではボスです。

「高低」の「低」を表すlowは気温の低さを表したり、speak in a low voice「低い声で話す」で声の低さを表したりします。またshortは、「低」よりも「長短」の「短」を多く表します。

lowにlyをつけたlowlyは形容詞で「地位が低い／卑しい」、例文の場合は「みすぼらしい」を表します。

4つ目のhumbleは「腰が低い／謙虚な」の意味ですが、自分の家をmy humble home「粗末な／質素な我が家」と謙遜して言うときにも使われます。一方reservedは「控えめな／遠慮がちな」のニュアンスが強くあります。

レッスン 6

a lowly cat

みすぼらしい野良猫

a humble home

質素な家

reserved

遠慮している

PART 1 基本の形容詞・副詞

Quiz

（　）の中に入るのはlow？ short？

Let's stay（　　）key.
控えめにしていましょう。

音楽で必ず耳にするのがkey。keyとは音楽の「音」を意味します。keyは「長い／短い」ではなく「低い／高い」で表します。low keyは「低い音」のことで、「静かな／抑えられた」の意味があるのでstay low keyは「控えめにしている／静かにしている」。　[答え] low

レッスン 7

副詞

ago / before

以前に行ったことがあります！

英語では「2日前」と言うとき、どこから数えて「2日前」なのかが大切になります。その点で副詞のagoとbeforeには大きな違いがあります。

コアイメージをチェック 違いをみてみよう!

two days ago
2日前

　agoは現在から考えての「2日前」。すなわち「起点」は現在です。agoは単独で使われることはなく、I visited Italy three years ago.「3年前にイタリアを訪ねた」など、時を表す言葉（two daysやone monthなど）が必要になります。agoは「過去」を表す副詞なので、過去形以外の文には使われません。

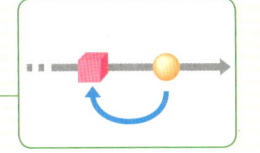

Two days ago.
=
おととい

two days before
2日前

　two days beforeの起点は「現在」ではなく「過去」なので「（その）2日前」の意味になります。これは過去より以前のことなので、過去完了形＜had ＋ 過去分詞＞で使います。またagoとは異なり、beforeはI have been there before.「以前そこに行ったことがある」のように単独で使うことができます。

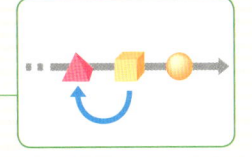

「2日前」

理解を深めよう！

「前」を使い分けよう

- **I first came to this restaurant five years ago.**
  5年前に初めてこのレストランに来ました。

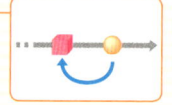

- **I had met her two days before.**
  その2日前に彼女に会いました。

- **They previously served pizza.**
  ここは、以前はピザを出していました。

- **He should have come two hours earlier.**
  彼は2時間前に来るべきでした。

- **We need to pay half the amount in advance.**
  前もって半額払う必要があります。

　agoは「現在」を起点にした「前」を表す副詞です。それに対してbeforeは「過去」を起点としており、three days beforeであれば「過去のある時点」から3日前を意味します。

　一方previously「以前」は過去を表す数字や言葉をつけずに単独で使いますが、beforeよりフォーマルな響きがあります。

　またearlierは「より早く」➡「より以前に」の意味ですが、「過去」「現在」「未来」のいずれの起点からも使うことができます。

　最後のin advanceは副詞ではありませんが、副詞句として同じように使われます。

レッスン 7

previously
以前は

earlier
(○時間) 前

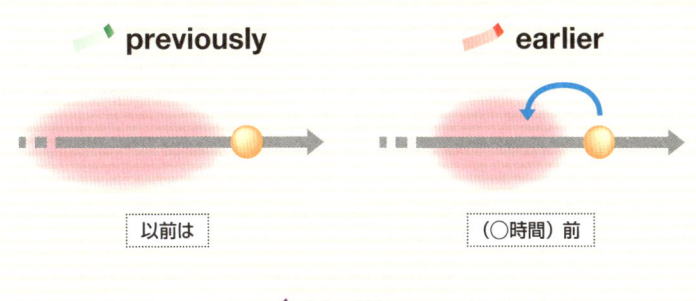

in advance
前もって

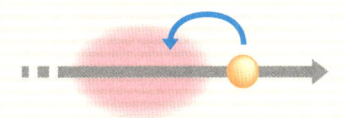

PART 1 基本の形容詞・副詞

Quiz （　）の中に入るのはago？ before？

Have you ever been to Hawaii（　　　）?
以前、ハワイに行ったことがありますか？

「前」を表すのは、agoあるいはbeforeです。この場合の「前」は「以前」の意味であり、具体的な日にちや時を表す語句はつきません。この文は「経験」を表す文で、現在完了形です。この場合に使えるのはbeforeです。agoは過去形の文に使います。　　[答え] before

レッスン 8

副詞

so / very

超興奮した！

「とても」を表すveryとsoは、互換性の高い副詞です。soとveryのニュアンスをきちんと理解しておけば、気持ちをより上手に伝えられるでしょう。

今日は君の誕生日だ どこでも連れて行ってあげるよ！

どこでも!? じゃあ…

6時間後

あら？ あんたたち どこ行ってきたの？

盆栽展だよ!!
It was so exciting!
（超興奮した！）

いらんわ

はい おみやげの 盆栽ぬいぐるみ

Yeah, we got very excited.
（う…うん興奮したね…）

6時間はつらかった…

コアイメージをチェック 違いをみてみよう！

so exciting
とっても興奮した

　soもveryも修飾する形容詞や副詞の意味の程度を上げる働きがあります。互換性が高いですが、淡々と事実を述べるveryに対しsoは「とっても／すっごく」のように発言者の気持ちを素直に表すことができるので、相手の共感を呼ぶでしょう。ただしインフォーマルな表現なので、正式な場でのsoの多用には注意が必要です。

very excited
とても興奮した

　このveryは後ろの形容詞excitedを修飾する副詞です。very glad〜、very high〜のように形容詞の程度を高めます。Thank you very much.（副詞muchを修飾）のようになじみ深い副詞ですが、大げさな感情を込めずに、事実を正確に伝えるイメージです。そのため、言い方次第では気持ちの盛り上がりが伝わらないかも。

理解を深めよう！

「とても」を使い分けよう

大げさの度合い

- **I'm very sorry about being late.**
  遅れて来て大変申しわけありません。

- **He runs much faster than me.**
  彼はわたしよりずっと速く走ります。

- **This is such a big project.**
  これはとても大きなプロジェクトです。

- **I'm so tired that I could sleep for a week.**
  すっごい疲れちゃったから１週間だって眠れそうです。

　veryは、客観的でフォーマルな響きがあり、どの場面でも使えますが、形式的と思われる可能性もあります。その点、soは「すっごく疲れた」のように口語的で大げさなニュアンスがあります。

　veryはvery fastのように副詞を修飾していますが、原級の副詞に限ります。run faster~のように比較級の副詞を修飾するのはveryではなくmuchになります。

　またsuch a big projectのようにsuchを使うとカジュアルな響きに。「(こんなにすごいプロジェクトだから) 興奮して眠れそうもないよ」のように、対象を賛美する意味合いを含みます。この場合＜such + a/an + 形容詞 + 名詞＞になります。

レッスン 8

基本の形容詞・副詞

- much faster than me

  私よりずっと速い

- such a big project

  とても大きなプロジェクト

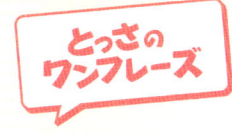

とっさのワンフレーズ

So it seems.

どうやらそうらしいね。

「ちょっと小耳にはさんだんだけど、社長が辞任するらしいよ」など、人の説明に同意したり、またその説明が自分の知識と合致した場合に「どうやらそうらしいね／それっぽいね」と言うときのひと言がSo it seems.です。このような言い回しをネイティブは好んで使います。

レッスン9 形容詞

pretty / cute
かわいらしいね！

あなたがほめられるなら、prettyとcute、どちらがいいですか？ 同じような形容詞ではありますが、表すニュアンスには少々違いがあります。

I just saw a pretty cat.
（さっきかわいい猫を見かけたよ）

Pretty cat?

にゃは～ん

何それ…
こんな感じ…？

何でそうなるんだよ！

キモッ！

Prettyって整った顔のかわいい人とかに使うイメージだから…

猫ならcuteのほうがいいかもね

なるほど

もう猫娘でもいいから彼女ほしい…

違いをみてみよう！

コアイメージをチェック

a pretty girl
かわいい少女

　prettyは女性に対するほめ言葉です。「かわいい」の意味ですが、日本人が思い浮かべるイメージとは少し異なり、大人の女性にも使える「見た目が整っている」という意味で、どちらかと言えばbeautiful「美しい」に近い「かわいい」であると考えてよいでしょう。ちっちゃな赤ちゃんに She's so pretty. と言うのはピンときません。

a cute baby
かわいらしい赤ちゃん

　prettyが見た目にこだわるのとは逆に、cuteは見た目ではなく、たとえ美的感覚から美しさと少々かけ離れていても、仕草や雰囲気がかわいければ、フィーリングで"かわいらしい／愛らしい"cuteと言えます。小さな子どもや子犬・子猫をほめるときにはcuteが使われます。「カワイイ！」はSo cute! がしっくりきます。

PART 1 基本の形容詞・副詞

ワンランクアップ 理解を深めよう!

「かわいい」を使い分けよう

かわいさの度合い

- **Your daughters are pretty.**
  お嬢さんたちはかわいいですね。

- **Your youngest daughter is so cute.**
  末のお嬢さんはとってもかわいいですね。

- **It was sweet of her to make lunch for me.**
  私にランチを作ってくれるなんて、彼女は優しいです。

- **Your wife has a lovable personality.**
  あなたの奥さんは愛すべき人柄ですね。

- **Your kitten is adorable.**
  お宅の子猫はかわいらしいですね。

見た目に焦点を当てた pretty は女性に向けた beautiful に近いかわいらしさを指しますが、大人の女性より若い女性にピッタリです。対する cute はいわゆる美人の系列に属さなくても、「ちっちゃくてかわいい」のイメージになります。

同じく女性をほめるケースで She's so sweet. と言う場合、sweet には「きれいな」の意味もありますが、「優しい／思いやりのある」の意味で捉える人のほうが多いでしょう。

lovable は love+able からきた言葉で、「かわいらしい／愛嬌がある」、また adorable は見た目のかわいさだけでなく、愛嬌があって「いとおしい存在」という意味になります。

レッスン 9

PART 1 基本の形容詞・副詞

sweet
優しい

lovable personality
愛すべき人柄

an adorable kitten
かわいらしい子猫

どっちがどっち？

honestly 信じて　　**honestly** 正直に

Honestly, I don't know what happened. のように文頭にくる場合のhonestlyは「何が起きたか知らない、信じてよ」のニュアンス。一方 He answered honestly. は「彼は正直に答えた」の意味。同じ副詞でありながら、主語と位置によって訳し方が変わってきます。

レッスン 10 — probably / maybe 〈副詞〉

たぶん来ると思うよ…！

「たぶん／おそらく／きっと」は推測してその可能性を言い表す言葉ですが、英語では、日本語よりも可能性の度合いがある程度明確に示されます。

部長！打ち上げに翔太さんは来るんですか？

He'll probably come.
（来ると思うよ）
行くと言ってたし

島田は来るんですかね？

Maybe he'll come.
（たぶん来ると思うよ）
忘れてなければ…ね

その頃の島田君

あ！打ち上げ行くの忘れてた！
家に帰ってきちゃった

まいっかー

コアイメージをチェック 違いをみてみよう!

Probably.
きっと（来る）だろう。

　パーティー会場で、皆が彼が来るのを心待ちにしています。Is he going to come here?「彼はここに来るの？」と尋ねたときに、Probably. という答えなら彼が来る可能性はかなり高く、その確率は60〜80％。逆に答えがProbably not.であれば、彼が来ない可能性もそのくらい高いという意味になります。

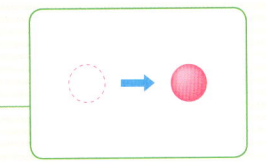

Maybe.
もしかしたら（来る）だろう。

　probablyに比べてmaybeの可能性はずっと低く、彼が来る可能性は20％程度。「彼は来るの？」の答えがMaybe not.であれば、彼が来る可能性は低くくなります。語順にも違いがあり、He'll probably come. と言うことはできますが、He'll maybe come. とは言えません。maybeは文頭にきます。

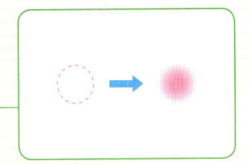

理解を深めよう!

「おそらく」を使い分けよう

可能性の高さの度合い

- It's **possibly** the cheapest way.
  ことによると一番安価な方法かもしれません。

- **Maybe** George could help you.
  もしかしたらジョージが手伝ってくれるかも。

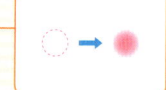

- **Perhaps** you should go with him.
  たぶん、彼と一緒に行ったほうがいいですよ。

- I'll **probably** be busy next week.
  来週はおそらく忙しいと思います。

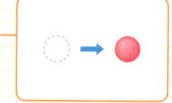

「おそらく」にはそれぞれに可能性の度合いがあります。最も可能性が高いのがprobablyです。probably be busy「おそらく忙しい」なら、かなりの確率で忙しいことになります。次に可能性が高いのがmaybeで、Maybe George could help you.「多分ジョージが手伝うでしょう」なら手伝いはそれほど期待できそうもありません。

perhapsも同様にあまり可能性は高くありません。そしてさらに可能性が低いのがpossiblyです。例文のような使い方であれば、「ひょっとすると／場合によれば」のように可能性はさらに低くなります。

● 可能性の度合い

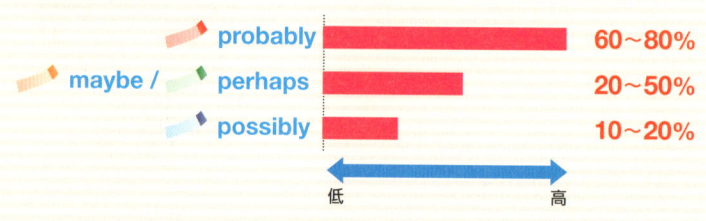

	probably	60〜80%
maybe /	perhaps	20〜50%
	possibly	10〜20%

低 ←→ 高

使える! ネイティブ表現

- **Maybe yes and maybe no.**
  どうしようかな。

- **Perhaps so.**
  そうかもね。

- **I couldn't possibly.**
  そんな図々しいことはできません。

  > **ポイント** couldn't～possiblyは「いくら何でも～できません／とても無理です」というときの丁寧な表現です。「遠慮しておきます」の意味にもなります。

Quiz
息子は自信がある？ それとも、ない？

Did you pass the exam?—Maybe.
「大丈夫？ 受かりそう？」「たぶんね」

今日は息子の入学試験の発表。Do you think you passed the entrance examination?「大丈夫？ 受かりそう？」と聞かれて息子は答えました。Maybe. きっと息子は勝率を20％程度と見込んだのでしょう。Probably. ならよかったのに。

［答え］ **ない**

PART 1 基本の形容詞・副詞

レッスン 10

レッスン 11 　wise / clever　形容詞

彼はできた人だ。

ひと言で「頭がいい」と言っても、生まれながらに頭がいいのか、それとも不断の努力と経験を通じて頭がよくなったのか、その違いを伝えましょう。

世界で活躍する日本人

He's so wise.
（彼はよくわかっている人だわ）

私もあんな人になりたいな〜

そうだな

よいしょ
ちょっとトイレ…

あ

ついでにおやつとお茶のおかわり持ってきて！

くっ
You're a clever girl.
（ずる賢いやつめ…）

おまえみたいに神経図太いやつになりたいよ

> コアイメージをチェック

違いをみてみよう！

a wise man
賢い人

　複数形のwise menが「賢人／賢い人」の総称であることからわかるとおり、「頭がいい」の中でもwiseは生まれながらではなく、豊富な知識や経験によりすぐれた判断ができ、相談相手にもなれるという「賢さ」を意味します。そのためa wise manには「若者」というイメージはなく、ある程度の年齢の人に使うのがぴったりです。

a clever girl
賢い少女

　cleverは、知恵や経験に基づいたwiseの賢さとは違い、「頭の回転がよい」という意味で、子どもや若者に対して使われることの多い言葉。スポーツの試合などでよく耳にする「クレバーな選手」は巧みなゲーム運びをする選手のことですが、cleverは反面、100％のほめ言葉ではなく「ずる賢い」のニュアンスもあります。

PART 1 基本の形容詞・副詞

理解を深めよう！

「頭がいい」を使い分けよう

頭のよさの度合い

- **My grandfather isn't educated, but he's wise.**
  祖父は、教育は受けていませんが、頭のいい人です。

- **He was intelligent enough to be a doctor.**
  彼は知性にあふれ、医者になりました。

- **He was smart because he read a lot.**
  彼はたくさん本を読むので頭のいい人でした。

- **His parents knew he was bright when he was three years old.**
  彼の両親は彼がわずか3歳のとき、聡明な子だとわかりました。

- **He invented a clever way to freeze food.**
  彼は食品を冷凍する一番うまい方法を発明しました。

　wiseは「経験に基づいた人生の知恵」というニュアンスを含みます。これに対し最後の例文のcleverは「巧妙な」の意味になります。intelligentは「知的な」であり、「頭脳」と密接な関係があります。理解力がすぐれ、非常に知能が高く、知性にあふれていることを意味し、「頭脳労働」の人たちはintellectualと考えます。またsmartは「頭の回転がよい」ことを表します。

　一方brightは「聡明な」という意味で、「生まれながらに賢い」ことを表現しており、特に子どもや若者に対して使われます。

レッスン 11

intelligent
知性にあふれる

smart
頭のいい

bright
聡明な

PART 1 基本の形容詞・副詞

どっちがどっち？

clearly 間違いなく

clearly 明確に

Clearly, he played a big role in this project.「間違いなく彼はこの事業で大きな役割を演じた」では、clearlyは文章全体を修飾する副詞ですが、He clearly didn't understand.「彼は明確には理解していなかった」では動詞 understand を修飾しています。

感情・気分を表す形容詞

人の感情を表す場合、言葉選びは非常に大切です。
形容詞の意味を把握して間違いのない表現を使いましょう。

喜・楽
happy
幸せな
delighted
大喜びして
ecstatic
有頂天の
pleased
喜んで
relieved
ホッとした

哀
sad
悲しい
lonely
孤独な
gloomy
憂鬱な、ふさぎこんだ
confused
混乱した
depressed
落ち込んだ

怒
enraged
激怒した
steamed
プンプンして
infuriated
ひどく腹を立てる

驚
frightened
ぎょっとした
stunned
呆然とした／愕然とした

気分を表す場合「be動詞＋形容詞」であれば、I'm sad.「悲しんでいる」のように悲しんでいる状態を表しますが、「get＋形容詞」にするとI got sad.「悲しい」のように「悲しい状態になる」ことを表します。使い分けを覚えておきましょう。

PART 2
身近な形容詞・副詞 ①

ふだん気軽に使う形容詞や副詞ですが、言葉を間違えると、まったく違った意味になってしまいます。PART2では「正しい言葉の選び方」を中心に学びましょう！

レッスン 1 形容詞

whole / all
本全部読んだの!?

「全部」でも「すべて」でも「残らず」を意味するallとwholeですが、状況によって使い分ける必要があります。「本の冊数」で使い分けを見てみましょう。

ふう

パタン

Did you read the whole book?
(本全部読んだの!?)
そんな分厚いのに！

ううん

I read all the books on this shelf.
(この棚の本全部読んだわ)

速読

なんと！君にそんな特技が

コアイメージをチェック 違いをみてみよう！

the whole book

本全部

　複数の単体（この例では本）の集まりすべてを表すallと違い、1つのものの「全体」を表すのがwhole。この場合、I read the whole book.なら、1冊の本の1ページ目から最後までが「本全部」の意味になります。つまりはじめから単数の個体のすべてを表すのがwhole。通常wholeの後には不可算名詞か可算名詞の単数がきます。

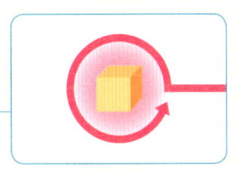

all the books

全部の本

　「図書館で借りた本は全部読んだ」と言う場合のall the booksは2冊以上の本を借り、すべての本を1冊残らず読んだことを意味します。このように、allとは単数のa bookが寄り集まった1つの集まりを指します。通常、後ろに可算名詞の複数形がきますが、all the moneyのように不可算名詞の「すべて」も表せます。

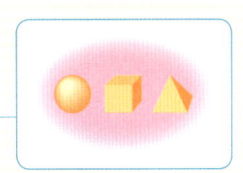

理解を深めよう！

「全部の」を使い分けよう

- **I ate all the cookies in the jar.**
  ビンの中のクッキーを全部食べてしまいました。

- **We cleaned up the whole office.**
  私たちはオフィス中を掃除しました。

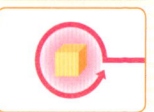

- **The total cost is 450 dollars.**
  総額、450ドルです。

- **I have a complete tea set.**
  私はお茶のセットを一式持っています。

- **Pollution affects the entire world.**
  公害は全世界に影響を及ぼしています。

「全部の」を表す形容詞にもそれぞれ違いがあります。allは「もともと別の個体が集まったものすべて」を指すため、修飾する名詞は基本的に複数形になります。

これに対しwholeは「ひとつの個体全体」を指すため、後ろの名詞は単数形になります。total costは「全体の金額」、すなわち「総額」のことになります。

またcompleteは、すべての部分部分を含み「完全に全部そろっている」の意味があり、entireは「広大な範囲、くまなく」の意味になります。

レッスン 1

- **the total cost**

  総額

- **the complete tea set**

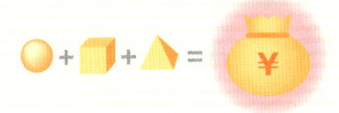

  お茶セット一式

- **the entire world**

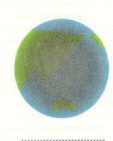

  全世界

PART 2 身近な形容詞・副詞 ①

Quiz （ ）の中に入るのは all？ whole？

I just laid around the house the (　　　) day.
一日中ごろごろしていた。

What did you do yesterday? 「昨日は何をしていたの？」に対する答えです。the と day に注目。the whole day は「その日まるごと」➡「24時間ぶっ通しで」のニュアンスです。lay around は「ゴロゴロする／まったりする」。

［答え］ whole

レッスン 2　just / exactly

副詞

ぴったり2,000円…？

「ちょうど」と言うとき、つい使ってしまいがちなのがjustです。justとexactly、使い分けに悩みますが、両者にはしっかりとした違いがあります。

空手を習うことにしたんだ

月謝高いんじゃないの？

It's just 2,000 yen!
（なんとわずか2,000円なんだよ！）

さっそく行ってくるよ

空手教室　2000　月謝

ん？よく見たら…？
It doesn't look like it's exactly 2,000 yen.
（ぴったり2,000円ってわけじゃないみたいだよ）

うまい話には裏があるってね

空手着その他もろもろ合わせて2万円になります

受付

ギャフン！

違いをみてみよう！

just 2,000 yen
わずか2,000円

　お小遣いの額をjust 2,000 yenと言うと、発言者には「2,000円だけ」→「たいした金額ではない」という気持ちがあります。お店の人がJust 10 dollars.と言う場合は「10ドルぽっきり（たった10ドルで、お買い得だよ）」のニュアンスになります。She's just my type.「もろ好み」は「ちょうど」を強調します。

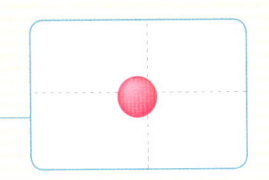

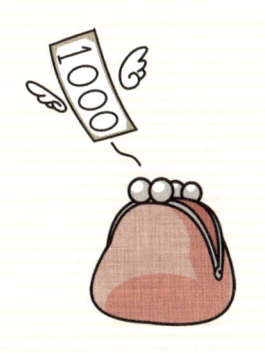

exactly 2,000 yen
ぴったり2,000円

　exactlyはプラスもマイナスもなく「ぴったり／ちょうど」の意味です。2,000円の小遣いをもらいexactly 2,000 yenと言えば、金額が「多い／少ない」ではなく数字を正確に伝えています。exactlyは時間や金額などの「ぴったり」を表し、「12時ぴったりに上司に電話した」はI called boss at exactly 12:00.です。

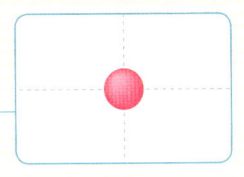

理解を深めよう!

「ちょうど」を使い分けよう

- **The total cost is exactly 600 dollars.**
  総額はちょうど600ドルです。

- **Just 30 people came to the party.**
  30人だけパーティーに来ました。

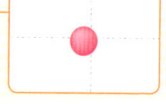

- **I'll see you at 5:00 sharp.**
  5時きっかりにお会いしましょう。

- **That's precisely what I'd like to say.**
  これは確かに私が思っていることです。

　過不足のない「ぴったり／ちょうど」を表すexactlyは主に数字や時間が「どんぴしゃ」という意味になります。この例文は「総額」が端数のない600ドルであるということになります。

　多くの日本人がこの意味で「ちょうど」と思っているjustは、時間や数字を伴うときは「たった」の意味になります。I just wanted to say〜「これを言いたかったのに」なら「ただ」の意味を表します。

　時間の「きっかり」を表すのはsharpで、ここでは形容詞ではなく副詞となります。

　またexactlyと同じく「ぴったり」を表すpreciselyはexactlyよりも「きちんと感」があります。

レッスン 2

PART 2 身近な形容詞・副詞 ①

5:00 sharp

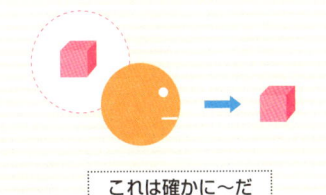

5時きっかり

That's precisely 〜

これは確かに〜だ

Quiz 「2時ぴったりに会いましょう」はどっち？

1. Let's meet at 2:00 on the dot.
2. Let's meet at just 2:00.

時刻や数字を直接言う場合にはjustは使いませんが、金額を言うときに「たったの2,000円だよ」のように「たったの」を強調したい場合はjust 2,000 yenとなります。on the dotは「点の上」➡「ぴったり」の意味になります。

[答え] 1

レッスン 3

形容詞

final / last

ラストオーダーの時間ですが…。

「これが最後の〇〇です」の「最後」はfinalなのか、それともlastなのかで意味が異なります。次のないfinal、次のあるlastの意味の違いを確認します。

本当に決めてしまうんだね？

ええ

Final answer?
（ファイナルアンサー？）

ファイナルアンサー！

ウオーン!!

ちょっ、泣くほど!?
私が短期留学するってだけじゃない！

はずかしいわね！

お客様…
We're taking last orders now.
（ラストオーダーのお時間になりますが…）

違いをみてみよう！

the final answer

最終回答

クイズ番組で一躍有名になった言葉がthe final answerです。この緊張感は「最終の／決定的な最後の答え」からきています。finalとは「真の最後」であり「次がない」という意味。「(今まで少しずつ延ばしてきましたが) これが最終の締切です」ならThis is the final deadline.です。もう次の締切はないという強い響きを表します。

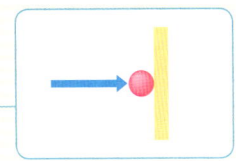

the last train

最終電車

廃止される路線の最後の電車は、もう２度と来ることのないthe final trainですが、今日の最終電車、つまりまた明日になれば通常どおり運行が始まる電車はthe last trainと表現します。lastは、１つの連続したシリーズの「最後」を表します。たとえばレストランでのthe last orderは「本日最後のご注文」の意味です。

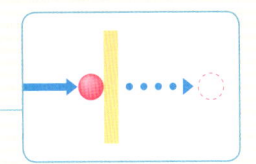

理解を深めよう!

「最後の」を使い分けよう

- **Did you watch the final episode of the series?**
  シリーズの最終回を見た?

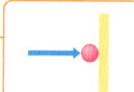

- **This is the last lesson today.**
  今日は、これが最後の授業です。

- **Cancer is not a terminal illness anymore.**
  ガンはもはや死に至る病ではありません。

- **My ultimate goal is to be President.**
  私の最終目標は大統領になることです。

　finalは「最後の」という意味でも、特に「次がない/決定的に終わる」ことを表し、the final episode of the seriesは、次回のない一連の流れの「終結」を表します。the final judgmentは「変更はない/最終的な判断」。一方lastは同じ「最後の」でも、ある連続した順序の中の最後で、「完結」を示してはいません。
　terminalは「終末の/死に至る」の意味があります。またultimateは「究極の」を表現します。

- **a terminal illness**

  死に至る病

- **the ultimate goal**

  最終目標

使える! ネイティブ表現

- **I spoke to him at the last meeting.**
  前回の打ち合わせで彼と話しました。

- **We're now in the final stage of the negotiations.**
  今、交渉の大詰めにいます。

- **It's their ultimate goal.**
  それが彼らの究極の目的です。

ポイント lastには「最後の」のほかに「前回の」意味もあります。the last meetingは「前回の打ち合わせ」にも「最後の打ち合わせ」にもとれる言葉です。

どっちがどっち?

early 早い　　**early** 早く

an early riser「早起き」のearlyは名詞riser「起きる人」を修飾する形容詞。一方get up early「彼は毎朝早く起きる」のearlyは動詞get up「起きる」を修飾する副詞です。ほかにもa fast runner / run fastなど、それぞれ形容詞・副詞になります。

レッスン 4 fast / quick 形容詞

即決だったね。

同じ「速い」を表す fast と quick は何の速さを表すのかによって、使い分けが必要です。快速列車は a fast train で、a quick train とは言えません。

今日が出発日か
Aoi made a quick decision.
（葵のやつ、即決だったね）

アメリカの僕の家へステイを勧めたら短期留学できる学校もすぐ探してきて…

あいつは決めたら早いよ

でも…

起きるのは遅いけどな

わーん！
I was planning to ride the fast train!
（快速電車に乗る予定だったのに！）

コアイメージをチェック 違いをみてみよう!

a fast train
快速電車

　a fast train「快速電車」のfastは「スピードの速さ」を表します。普通電車という基準があって、それよりも「速い電車」という意味です。fast foodは注文してから提供されるまでの速さを強調。a fast runnerは「俊足」、a fast learnerは「物覚えのよい人」。他者との比較で、連続した時間の流れの継続的な速さを表します。

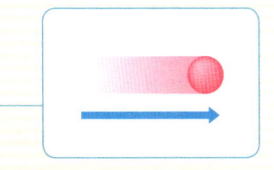

a quick decision
即決

　自分の出したメールに対し、すぐに対応してくれたことへのお礼の定番表現がThanks for your quick response.「迅速なご対応ありがとうございます」。quickは、連続しない、短時間での行動が迅速なことを表しています。a quick decisionは「即決」、quick thinkingなら「とっさの判断／機転」となります。

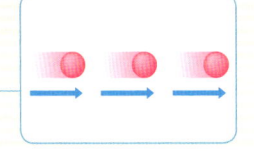

PART 2 身近な形容詞・副詞 ①

理解を深めよう！

「早い」を使い分けよう

早さの度合い

- **I hope you make a speedy recovery.**
  早く健康を取り戻すといいですね。

- **The economy is undergoing rapid growth.**
  経済が急成長しています。

- **His work is fast but sloppy.**
  彼の仕事は速いですが、雑です。

- **I need to make a quick trip to the bank.**
  ちょっと銀行まで行かなければなりません。

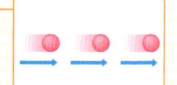

- **The early bird catches the worm.**
  早起きは三文の徳。

　speedyは動作ではなく「（物事の推移の）速さ」を表し、「順調」のようにポジティブなニュアンスがあります。

　またrapidは「（物事が変化する）速度が速い」の意味で、rapid growthは「急成長」の意味になります。ある程度の時間の連続の中で「継続的な速さ」を意味するfastは乗り物や仕事などの速さを表します。

　quickは短期間の動作の素早さを表し、make a quick trip to ～は「～へ素早い旅をする」 ➡ 「～へちょっと出かける」の意味です。また最後のearlyは「速度」ではなく「時間の早さ」を表します。

レッスン 4

PART 2 身近な形容詞・副詞①

- **a speedy recovery**

  早い回復

- **rapid growth**

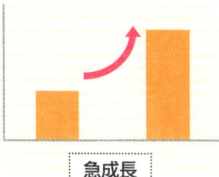

  急成長

- **The early birds catches the worm.**

  早起きは三文の徳

Quiz

（　）にquickまたはfastを入れて。

1. That clock is (　). ／ 2. He has a (　) temper.

あの時計は進んでいる。　　　　彼は短気だ。

1.の時計が進むということは「針の移動が速い」ということなのでfastが入ります。2.のtemperは「気質／怒り」のことで、短時間でカッと怒ってしまうことを意味します。a quick temperは「短気」の意味になります。

［答え］ 1. fast　2. quick

レッスン 5

副詞

lately / recently

近頃忙しいな。

latelyは「近頃」、recentlyは「最近」と訳しますが、その訳を見てもなかなかニュアンスの違いがつかめません。実際その違いはどこにあるのでしょうか。

塾長さようなら

はいさようなら！

It's been busy lately.
（近頃忙しいな）
なんでだろう？

I've been doing karate recently!
（最近空手をやってるんだ！）

先生がかわいくてさ〜
あぁ早く道場に行きたいよ

あいつのさぼり具合がアップしたせいか…!!

ピクッ

違いをみてみよう！

コアイメージをチェック

have been busy **lately**
近頃忙しい

　lately「近頃」で表される時間／期間の捉え方はわりといい加減なイメージがあります。I have been busy lately.は単なる話題の1つであり、What have you been doing lately?「近頃どうしていますか？」と尋ねられたとしても、発言者は特にあなたに具体的な答えを求めているわけではありません。

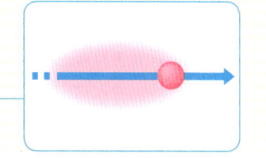

started karate **recently**
最近空手を始めた

　What have you been doing recently?「最近どうしていますか？」と尋ねられたら、相手は具体的な答えが聞きたいと思ったほうがよいでしょう。発言者の頭の中には「始めた時点」があります。I started karate recently.のように、recentlyは現在完了形でも使われますが、過去形で使うことも多い副詞です。

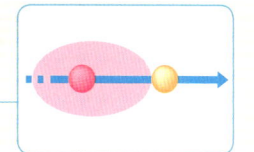

ワンランクアップ 理解を深めよう!

「最近」を使い分けよう

- **I haven't seen her lately.**
  近頃彼女に会っていません。

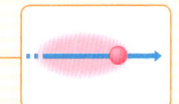

- **He recently quit his job.**
  彼は最近仕事を辞めました。

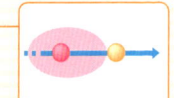

- **A lot of kids don't read the newspapers these days.**
  最近、多くの子どもたちは新聞を読みません。

- **Fewer and fewer people are watching TV nowadays.**
  最近、ますますテレビを観る人が少なくなっています。

「近頃」を表すlatelyは過去の時点から現在までの期間を表しますが、わりと緩やかな捉え方です。「最近彼女に会っていない」という発言者の気持ちの中には「そう言えば…」というニュアンスがあります。

recently「最近」は期間よりもむしろ「過去のある時点」です。発言者の頭の中には彼の退職時期はある程度明確にあります。

また「最近は」を表すthese daysとnowadaysの意味はほぼ同じで、現在形で多く使われます。主にthese daysのほうが日常会話などに使われ、nowadaysは改まった場面で多く使われます。

レッスン 5

PART 2 身近な形容詞・副詞 ①

these days　　**nowadays**

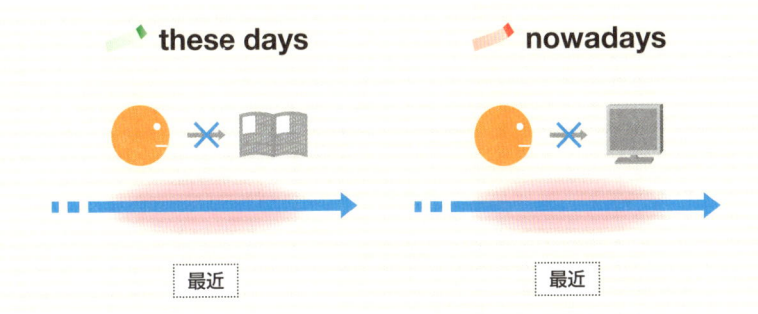

最近　　　　　　最近

どっちがどっち？

late 遅くに　　**lately** 近頃

come home late「遅くに帰宅する」のlateは「遅くに」の意味。sit up lateなら「遅くまで起きている／夜更かしする」。一方 I haven't seen any movies lately.「近頃映画を見ていません」のlatelyは「近頃は」の意味で、主に現在完了の文に使われます。

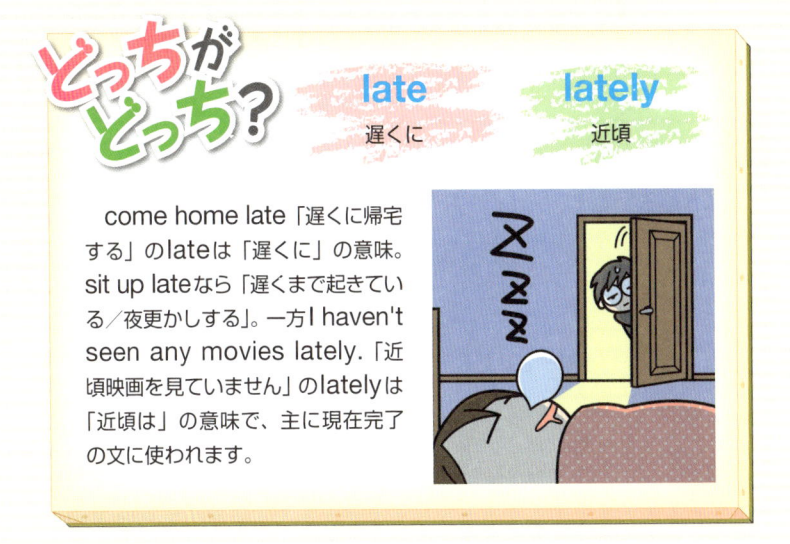

レッスン 6 — always / usually 〔副詞〕

いつも外食だよ。

usuallyとalwaysを比べるとき、日本語では「頻度」が問題になりますが、ネイティブはそれほど差を意識しません。使う気持ちの差が問題なのです。

I always eat in.
(僕はいっつも家で食べてるよ)

でも山口君、料理得意よね。自炊しないの？この前だって凝ったたこ焼き作ってみせてくれたし…

手料理うらやましいなぁ
I usually eat out.
(僕はだいたい外食だからな)

俺たこ焼きしか作れないんだよね…

というか何作ってもなぜかたこ焼きになる…

なるほど…

コアイメージをチェック 違いをみてみよう!

always eat in
いっつも家で食事をする

alwaysは「普通／だいたい」よりも「いっつも」のように、大げさに感情を込めているニュアンスです。I'm always mad at him.は、「彼にはいっつも頭にくるわ」という気持ちにピッタリ。時間どおりに来ない人へのHe's always on time.には「いっつも時間どおりにくるから、心配しないで」という含みがあります。

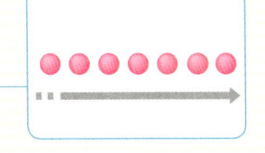

usually eat out
いつも外食する

usuallyには「普通は／だいたい」という習慣的な意味があり、事実を淡々と告げるイメージ。「彼にはいつも頭にくるわ」をI'm usually mad at him.と言っても冷静なニュアンスがあり、あまりピンときません。時間どおりに来ない人に対してHe's usually on time.と言うと「だから少し心配」という含みがあります。

理解を深めよう！

「いつも」を使い分けよう

頻度の高さの度合い

How often do you play tennis?
どれくらいの頻度でテニスをしますか？

It's generally best to eat a lot of fruit.
一般的に、多くの果物を食べるのはよいことです。

I usually get up really early.
いつもとても早く起きます。

I always have pancakes for breakfast.
いっつも朝食にはパンケーキを食べます。

He's angry all the time.
彼は四六時中怒っています。

　頻度を表す言葉はいくつかありますが、usuallyは事実に基づいた話をしているイメージで、一方alwaysはusuallyにはない感情を込めた「いっつも」の意味になります。

　oftenはusually / alwaysよりは頻度が低く「しばしば」のニュアンスになりますが、実は肯定文で使われることはあまりなく、疑問文や否定文での使用がとても自然です。

　generallyは「普通は／たいていは」で、頻度はalways / usuallyよりも低く、oftenよりも高いことを示し、多くの場合「一般的に」と訳します。最後のall the timeは「その状態がずっと続く」ことを表す副詞句です。

レッスン 6

● 頻度の度合い

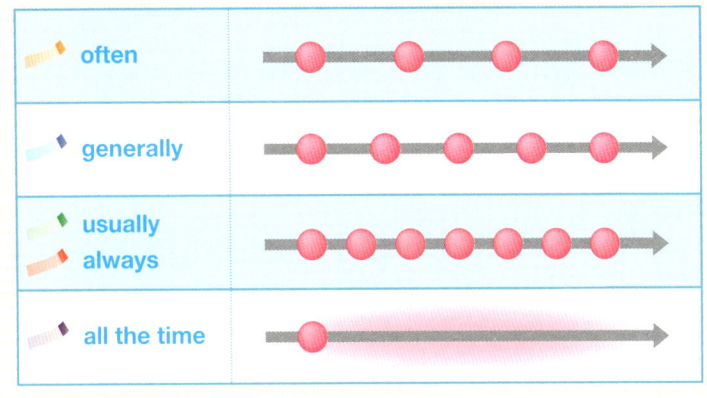

often	●　●　●　● →
generally	●　●　●　●　● →
usually always	●　●　●　●　●　● →
all the time	●━━━━━━━━→

※ ●の間隔が狭いほど、頻度が高くなります。

とっさのワンフレーズ

The customer is always right.

お客様はいつだって正しいのです。

The customer is right.「お客様は正しい」にalways「いつも」をつけることで、「お客様が正しい」という状況がより強調されます。「間違っていることはほとんどない。だから否定はできない」の意味で、日本語で言えば「お客様は神様です」といった意味合いになります。

レッスン 7 wide / broad
形容詞

広大な川！ 広大な野原！

「広い」を表すwideとbroadですが、それぞれ修飾する名詞に区別があります。
アマゾン川を表す広さと関東平野を表す広さにはきちんと違いがあるのです。

What's a wide river!
（広大な川！）

ついにアメリカに来たのね…！
ヤッホー！ッホホー！

This meadow is so broad!
（広大な野原！）

ホ……

…見てました？

コクン

違いをみてみよう!

a **wide** river

広い川

　どんなに幅広い川にも必ず両端があり、その端から端までの距離が川の広さになります。すなわちwideは「両端のある広さ」のことで、面積を強調しています。何百インチもある大型スクリーンでも無限の広さではないのでa wide screenとなります。また幅広い知識をa wide range of knowledgeと言います。

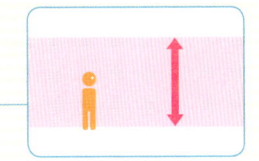

a **broad** field

広い野原

　広い野原を見渡せばどこまでも続き、境目の区別がつきません。すなわち端のある広さを測るwideで表すことはできないのです。さえぎるもののない広さを表すのはbroadで、広大なイメージがあります。「地域」を表すareaも「関東平野」the Kanto Plainもbroadで表せます。電波や光信号の広域帯はbroadbandです。

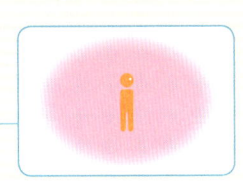

ワンランクアップ 理解を深めよう!

「広い」を使い分けよう

* **I won by a wide margin.**
  私は大差で勝ちました。

* **He reads a broad range of books.**
  彼は広範囲にわたる本を読みます。

* **A vast majority of the citizens agree.**
  圧倒的多数の市民が賛成しています。

* **Your house is so spacious.**
  あなたの家は広々としていますね。

* **We need to make sweeping changes.**
  私たちは広範な改革をする必要があります。

a wide marginは大差で勝つときの決まり文句。選挙などでは票数などから差が測れるので、wideになります。これに対し、彼が読む本の範囲といった場合は測れない広さなのでa broad rangeになります。

vastは「果てしなく広い」を意味し、vast majorityは「圧倒的な多数」という意味。またbroadと同じく自然の広大さを表すときにも使われます。

spaciousは部屋などの場所の広々とした「様子」を表します。sweepingは「一掃する」というイメージがあって、sweeping changeが「抜本的な広範な改革」というとわかりやすいでしょう。

レッスン 7

vast majority

圧倒的多数

spacious

広々とした

sweeping changes

広範な改革

PART 2 身近な形容詞・副詞 ①

Quiz （　）の中に入るのは wide？ broad？

He's (　　) awake.
彼は完全に目覚めている。

wideもbroadも形容詞ですが、形容詞のawakeと接続詞もなく並んでいることに注目。wideには「十分に／すっかり」という意味の「副詞」の働きがあります。形容詞awakeを副詞wideが修飾し「すっかり目覚めている」の意味になります。

[答え] **wide**

レッスン8 wonderful / great 形容詞

すばらしい眺めだね。

人に限らず、物や体験などを「すばらしい」とほめるwonderfulとgreatは、ほとんどのケースで互換性があります。違うのは、greatが規模を表すことです。

This view is wonderful!
（すばらしい眺めね！）
雲の影ってなかなか見られないもの！

……

全然話してくれないなマイクの弟…
私嫌われてんのかな…

It's great.
（すごいよね）

ボソッ
ビクッ

しゃべった！？

驚かせてごめんね
チャーリーったら
のんびりしてて
反応遅いのよ

コアイメージをチェック 違いをみてみよう！

a wonderful view
すばらしい眺め

景色があまりに美しく思わず口をついて出るのが That's a wonderful view. です。wonderful は心に訴えるものがあるときに使います。また、You're wonderful. のように、感謝の気持ちを伝える場面でも使えます。ちなみに This medicine is wonderful for cold. なら「この薬は風邪に効く」の意味合いになります。

That's great.
すごいね。

人や物をほめる That's great. や You're great. は自分の気持ちを素直に表せる言い方でネイティブにとっては気軽に使える「ほめ言葉」です。great には「大きい／偉大な」の意味があり、Alexander the Great は「アレキサンダー大王」になります。great earthquake「大規模地震」のように自然災害にも使えます。

理解を深めよう!

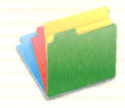

「すばらしい」を使い分けよう

すばらしいの度合い

- **You have a lovely home.**
  すばらしいお家ですね。

- **The music was really great.**
  音楽が最高でした。

- **We had a wonderful time.**
  すばらしい時間を過ごしました。

- **You did a fantastic job.**
  信じられないほどすばらしいお仕事をしましたね。

- **His magic trick was amazing.**
  彼の手品は驚きでした。

「すばらしさ」を伝えるwonderfulには心からの気持ちが込められています。同じようにほめる場合のgreatは人や物のすばらしさを伝えますが、wonderfulに比べてやや控えめです。

一方fantasticは「信じられないほどの」の意味を含む「すばらしい」で、amazingは「驚くべき/びっくりするほどの」のニュアンスを含んだ「すばらしい」になります。

またlovelyはただ「愛らしい」だけではなく「すばらしい/見事な」の意味で、何に対しても気軽に使えるほめ言葉です。

レッスン 8

PART 2 身近な形容詞・副詞 ①

lovely home

すばらしい家

a fantastic job

すばらしい仕事

amazing

驚くほどの

とっさのワンフレーズ

That sounds great.

いいね。

How about a drink after work?「仕事帰りにいっぱいどう?」と聞かれて「いいねぇ/その話、のった」と言いたいときにぴったりなのがこのフレーズ。このthatは相手の提案を指していますが、省略してSounds great.としたりSounds good.としてもOK。

レッスン 9 — delicious / tasty

形容詞

なんておいしい食事！

「わぁ、おいしい！」と手放しでほめるなら、delicious？ それとも tasty？
笑顔で食卓を囲んで料理までおいしいときにはどちらがぴったりでしょうか。

This tastes delicious!
（なんておいしい食事！）
お料理上手ですね

それにしてもチャーリー黙ったままですね…

どんどん食べなさい

ちょっとこれあげてみて

はい
The cheese is tasty!
（おいしいチーズよ！）

！！！

やっぱりチーズは牛印に限る…乳牛のエサにもこだわっていて…

好きな物のことになると饒舌に…やはりマイクの弟ね…

コアイメージをチェック 違いをみてみよう!

a delicious meal
おいしい食事

　料理の味をほめるときの一般的な表現ですが、deliciousは個々の食品名ではなくひとまとまりの食事そのものを「おいしい」という場合に使います。「食事がおいしかった」はI really enjoyed it.のようにも言えますが、enjoyは「料理を楽しむ」のイメージで、deliciousは「満足がいくほどおいしい」の意味合いになります。

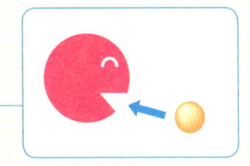

tasty cheese
おいしいチーズ

　tastyはtasteの形容詞で、「味、風味、香りがよい」ことに観点をおいています。デザートよりも料理によく使われ、客観的に味を評するイメージがあります。tasty cheeseは「風味があって味わい深いチーズ」。またtastyには「興味をそそる」の意味があり、tasty news「ちょっと面白いニュース」のようにも使えます。

ワンランクアップ 理解を深めよう！

📁 「おいしい」を使い分けよう

おいしさの度合い

- **It's good, but I'm not very hungry.**
  おいしいのですが、お腹がすいていません。

- **Everything looks really appetizing.**
  全部、食欲がそそられます。

- **Sushi is tasty, but I don't love it.**
  お寿司はおいしいですが、好きではありません。

- **Wow! These cookies are yummy!**
  わあ！このクッキーはおいしいね。

- **The food your wife made was delicious.**
  奥さまが作ってくれたお料理はおいしかったです。

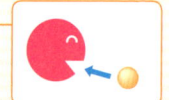

　おいしいを表す場合のgoodは「一般的なおいしさ」を表し、感動を伝えるまでには至らないので、reallyやveryのようなひと言を添えるとよいでしょう。

　またメニューなどでよく見られるappetizer「前菜」の形容詞appetizing「食欲がそそられる」は、食事前のほめ言葉として使われます。料理全体をほめるdeliciousは「とても満足なおいしさ」になりますが、tastyは料理の味付けを客観的に評価する際にしっくりきます。

　またyummy「おいしい」は、子どもたちがよく使う表現ですが、「舌触りがいい」の意味で、大人でも感情を込めて使うことがあります。

レッスン 9

PART 2 身近な形容詞・副詞 ①

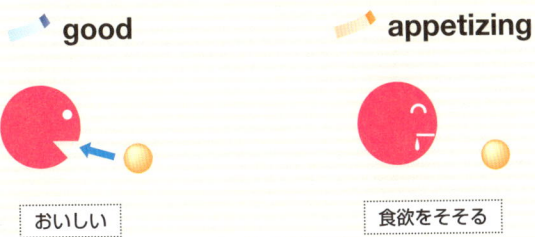

good
おいしい

appetizing
食欲をそそる

yummy
おいしい

Quiz （ ）の中に入るのはdelicious？ tasty？

This wine is so （　　）.
このワインは本当においしいです。

これは一般の人と着目点が異なる著名なワイン収集家のひと言です。熟成された風味や味わいに心を打たれたようです。同じ「おいしい」でも、一般的な「おいしさ」を表すのがdelicious。一方、風味や味わい、香りなどに言及した「おいしい」はtastyになります。　［答え］**tasty**

レッスン 10　angry / mad

形容詞

何か怒ってる？

「怒る」を表現する最も一般的な形容詞がangryです。とても幅広く使えますが、抑えきれない怒りを表すなら、madを使うのもよいでしょう。

ねぇチャーリー
What are you angry at?
（何に怒ってるの？）

…怒ってない

でも全然話して
くれないじゃない

兄ちゃんが…

昔は普通だったのに
日本の忍者に出会ってから
おかしくなったんだ…

忍者はあちこちに
潜んでるっていうし
君も忍者かもしれないと
思ったら怖くて…

アハハ　忍者ー　忍者ー

私普通の人間だから
落ち着いて…

コアイメージをチェック **違いをみてみよう!**

be angry at
〜に腹を立てている

　angryは「怒り」を表す汎用性の高い形容詞です。He's angry at his boss.「上司に腹を立てている」は、怒りがどれほどのものか、なかなか判断に迷うところです。angryは一気に爆発した「怒り」というより、あまり外には見えない「ふつふつと煮えたぎっている怒り」。an angry man「怒れる男」は「怒りを心に抱いている男」。

be mad at
〜にカンカンに怒っている

　あまり外に表れない怒りangryに対し、madは外に怒りが表れています。つまりangryより怒りの度合いがずっと高いことを意味しています。get madであれば「キレる／怒りで発狂しそう」というイメージ。映画『Mad Max』は、妻子を殺された男の復讐劇ですが、『Angry Max』では"怒りMax"の意味合いは出ません。

PART2 身近な形容詞・副詞①

理解を深めよう!

「怒った」を使い分けよう

怒りの度合い

- **I'm not angry, but I am irritated.**
  怒ってはいません。ただイライラするだけ。
- **I know you're upset,
  but don't say anything.**
  腹を立てているのは分かるけど、何も言わないでね。
- **I'm sorry for getting angry.**
  怒ってしまってごめんなさい。
- **Why are you so mad! Calm down!**
  何故そんなに怒っているの？ 落ち着いて！
- **I was so furious I couldn't sit down.**
  怒り狂ってしまってじっとしていられませんでした。

　怒りの度合いもさまざまです。angryは「内にこもった怒り」を表しますが、一方madは「気の狂った」からくる怒りで、誰が見てもはっきりわかるものです。
　そのmadよりもさらに怒りの度合いが高いと思われるのがfuriousです。これはfury「激怒／憤激」からきた形容詞で、人間だけでなく自然や気候などにも使えます。
　upsetは「心が動揺して／冷静さを失って／うろたえて」という意味で、「少し腹を立てる」のニュアンスで幅広く使える言葉です。またirritatedは「いらついた／イライラする」を表しています。

レッスン 10

● 怒りの度合い

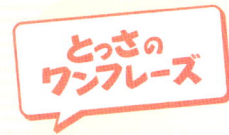

irritated		イライラ…	低
upset		腹立たしい！	
angry		怒ってる！	
mad		結構怒ってる！	
furious		怒り狂っている！	高

PART 2 身近な形容詞・副詞 ①

とっさのワンフレーズ

Be there or be square.

絶対来てね。来なければ君はつまらない人間と言われるよ。

Be there or〜「来てね、さもないと〜」は、つまらない人間と思われたくない！という人を誘うためには効果的です。squareは「正方形」のことで、そこから「堅苦しい／社交性に欠ける」の意味になります。日本語の「四角四面」と同様、「角」があれば柔軟性に欠けます。

レッスン 11 silent / quiet

形容詞

何で黙り込むの？

「静かな」と言ってもさまざまな状況がありますが、英語では「どのような静けさなのか」によって、選ぶ形容詞が変わってきます。

あのぼったくり道場からこっちの道場に変えてよかった

ここは月謝も手ごろだし先生はかわいいし…

かわいいけど実はあの人…

Why are you so silent?
（何で黙り込むんだよ？）

Be quiet!
（静かに!!）

はっはい!!

fall silent

黙り込む

　silentが表す「静けさ」は音もなく静まり返った無音の状態です。fall silent「何も話さなくなる」→「黙り込む」の意味ですが、He's a silent man.は「彼は静かな男だ／無口な男だ」です。よく耳にするthe silent majorityは「物言わぬ多数派」と訳し、政治や社会問題に「主張せず黙っている多くの人々」という意味です。

Be quiet.

お静かに。

　聴衆に対して「静粛にお願いします」と言う定番表現はBe quiet.です。無音で静まり返ったsilentに比べて、完璧な静けさというより話さない、動かないという静かな状態を表します。動きが少ないというイメージから「おとなしい／穏やかな」という意味もあり、He's a quiet man.なら「彼はおとなしい男／穏やかな男」となります。

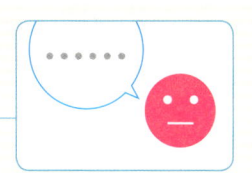

理解を深めよう!

「静かな」を使い分けよう

- **The factory was silent.**
  工場は静まりかえっていました。
- **The library is quiet.**
  図書館は静かでした。
- **The ocean was calm.**
  海は穏やかでした。
- **When it snows, everything feels peaceful.**
  雪が降ると、すべてが平和に感じます。
- **The rioters suddenly became still.**
  暴徒は突然静止しました。

silentは、機械の稼働が止まった無人の工場のような無音状態を表します。一方quietなら、図書館の「声を立てずに本を読む人たち」がイメージされます。本のページをめくる音、人がひそやかに歩く音が聞こえてくる静けさです。

同じ「静かな」でもcalmには海や街などが「穏やかさをたたえている静けさ」のニュアンスがあります。

peaceful「平和な」はa peaceful country「平和な国」のように「雰囲気」が静かで落ち着いていることを表します。またstillは「動いていたものが静止する／沈静化する」の意味になります。

レッスン 11

PART 2 身近な形容詞・副詞 ①

- calm
  穏やかな

- peaceful
  平和な

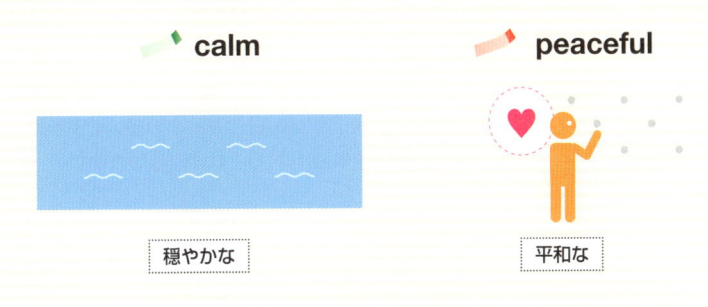

- become still
  静止する

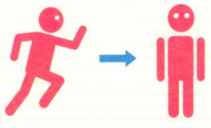

どっちがどっち？

still 静かな　　**still** まだ

The students were quite still.「学生たちは声も立てなかった」のstillは「静かな」様子を表す形容詞。He's still young.「彼はまだ若い」のstillはyoung「若い」という形容詞を修飾する副詞です。sit still「じっと座る」なら、stillは動詞sitを修飾する副詞です。

レッスン 12 — 形容詞

cool / cold

今日は涼しい日だな。

天候や気温についてのcoolとcoldの差は「涼しい」と「寒い」の違いですが、この2つの形容詞は、ほかにも人や物などに使われると意味が変わります。

It's nice and cool today.
（今日は涼しい日だな）
過ごしやすそうだ

ところで空手の調子はどうだい？

うん…空手ね…

あ…あれ震えが…
It's kind of cold today, isn't it?
（今日なんか寒いね…？）

道場でどんなしごかれ方してるんだー！?

コアイメージをチェック 違いをみてみよう!

a cool day
涼しい日

　天候や気温に関するcoolは「涼しい」の意味ですが、「快適」の含みがあり、冷たすぎず心地よいポジティブなイメージになります。汗ばむ顔にa cool towel「ひんやりとしたタオル」を当てれば汗が引き、爽やかな気持ちに。「カッコいい!」はCool!で、He's a cool guy.は「いいやつ／カッコいいやつ」です。

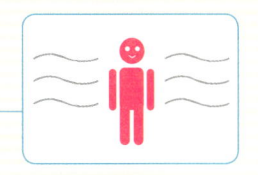

a cold day
寒い日

　It's cold today.は「寒さ」に参っているイメージ。天候に関しては「肌寒い／寒い」を表し、決して快適ではありません。飲み物では、冷たい水はcold waterで、cool waterは飲み物というよりも、むしろ「冷水」。体にかけるのはcool waterでしょう。またHe's a cold guy.なら「冷たいやつ／悪いやつ」の意味です。

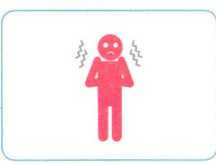

ワンランクアップ 理解を深めよう！

📁 「冷たい」を使い分けよう

寒さの度合い

- **It's cool enough to go running today.**
  今日は走るには涼しい日です。

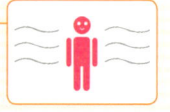

- **It might be chilly, so bring a sweater.**
  今日は底冷えするかもしれないから、セーターを持って行きなさい。

- **These drinks are really cold.**
  この飲み物は本当に冷たいです。

- **I got a freezing reception.**
  冷たい対応をされました。

- **It's sunny, but the wind is icy cold.**
  晴れていますが、風は氷のように冷たいです。

「涼しさ」と「寒さ」は同じ冷たさを表していてもその違いは非常に明確です。coolは快適さを含む「涼しい」で、coldは天候や人などには「快適」とは言えない言葉です。ところが飲み物の場合、coldは「おいしい冷たさ」になります。

一方chillyは、風や空気が「冷え冷えとした」の意味。暖かい太陽が沈み、空気が冷え込んできたような冷たさで、freezingは「凍りつくような寒さ」を表すのでa freezing receptionは「冷たい対応」の意味になります。

またicyは「氷のように冷たい」ですが、「肌を刺すような／身を切るような冷たさ」のイメージになります。

レッスン 12

PART 2　身近な形容詞・副詞 ①

chilly

底冷えする

freezing reception

冷たい対応

icy cold

氷のように冷たい

とっさのワンフレーズ

He's as cold as ice.

彼は氷のように冷酷です。

He's cool!「彼、かっこいいね！」のようにcoolはポジティブな意味ですが、coldは人に使う場合「冷たい／冷酷な」のようにネガティブなイメージに。as cold as iceはこれ以上の冷たさはないということ。He gave me a cold look. なら、「彼は私に冷たい視線を送った」の意味。

レッスン 13 形容詞
hot / warm

暖かくして休んでね。

hotとwarmはそれぞれcoldとcoolに対応します。hotもwarmも「冷たくない」ということで、人にとっては両方ともポジティブなイメージ。

One hot lemonade, please.
（ホットレモネード1つ）

こんなに暑いのにホット？

ちょっと風邪ぎみなんだ　体を温めようと思って

そうなの？　大変！
残りの仕事やっておくから
今日は早く帰って
You need to keep warm and get some rest.
（暖かくして休んでね）

元気になりました！

違いをみてみよう！ コアイメージをチェック

hot lemonade
熱々のレモネード

　hotは温度の「熱さ」も気温の「暑さ」も表せます。It's hot today.「今日は暑いですね」には「参りますね」のニュアンスがありますが、hot soupやhot lemonadeは、フーフーして飲み、体が温まるイメージ。またhotは「人気がある／今話題の」の意味もあり、a hot spotは「今、人気の場所」以外に「紛争地域」とも訳します。

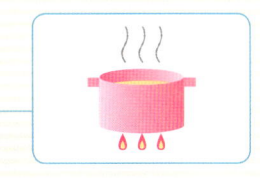

Keep warm.
暖かくしてね。

　coolに対応するwarmには「暖かい／温かい」イメージがあります。冷たくなった手をwarm waterに浸せば体全体が温まりますが、hot waterに手を入れれば、やけどしてしまいます。寒い冬の日にKeep warm.「暖かくしてね」も温かい言葉。warmは人の温かさも表し、warm-heartedは「思いやりのある」になります。

PART 2　身近な形容詞・副詞①

ワンランクアップ 理解を深めよう!

「暖かい」を使い分けよう

熱さの度合い

- **We had a mild winter this year.**
  今年は暖冬でした。

- **This coffee is lukewarm.**
  このコーヒーは生温いです。

- **Let's go inside and get warm.**
  中に入って暖まりましょう。

- **Watch out! The stove's still hot.**
  気をつけて！ストーブはまだ熱いですよ。

　ストーブがhotなら危ない熱さですが、a hot bath「熱いお風呂」には全く別の「気持ちのよい」意味合いがあります。同様にwarmは「いい具合の温かさ」を表しますが、lukewarmと言うと逆に「生温い」の意味になってしまいます。ビールがlukewarmであれば、決して歓迎されることはありません。mildは「厳しさ」が「軽度」であることを示しています。「暖冬」a mild winterのmildには「温暖な」の意味があり、通常であれば「暖かな冬」であることを表しています。

mild winter — 暖冬

lukewarm coffee — 生温いコーヒー

レッスン 13

使える！ネイティブ表現

- **This scandal is a really hot issue now.**
  このスキャンダルは今、本当に注目されている話題だ。

- **I'm lukewarm on this idea.**
  このアイデアには乗り気じゃない。

- **I hope this is a mild recession.**
  これが緩やかな景気後退であればいいですが。

> **ポイント** 暑くもなく、冷たくもないlukewarm「生温かい」には、あまり「熱心ではない」→「あまり乗り気でははない」の意味があります。

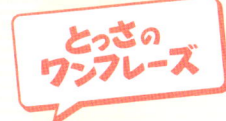

とっさのワンフレーズ

You're not even warm.

正解は全然違うよ。

「君は暖まってさえいない」、実は「正解とは全然違うよ」という意味。warmには「かくれんぼをしていて鬼が隠れている相手に近づいている」などの意味があります。Close!「もう少しで正解だったね！」とは逆の意味。You're getting warm.なら「だんだん正解に近づいているよ」。

PART 2 身近な形容詞・副詞 ①

レッスン 14 — sure / certain 〔形容詞〕

すぐによくなるよ。

「確かな」を表すsureとcertainですが、「確かさ」が何を根拠としているのかが違います。主観的なときはsure、客観的なときはcertainと使い分けます。

いててっ…!!

大丈夫　軽ねんざよ

安静にしておけば問題ないわ
I'm sure you'll get better soon.
（すぐによくなるわ）

ニコ…

先生……

いつも稽古中は厳しいのに…

ドキンコ

じゃあねんざ中は腹筋してね

やっぱ厳しい！

I'm sure.

確かだと思います。

I'm sure.は主観的な気持ちによる表現です。病気の友人にI'm sure you'll get better soon.「すぐによくなるよ」と言うとき、「そうなることを信じている」、I hope～のニュアンスになります。相手に何かを確かめる場合、Are you sure?「確か？」は疑いをもっているニュアンス。そのため主語はyouではなくitが無難。

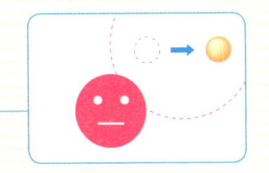

I'm certain.

確かです。

客観的な根拠に基づく発言はI'm certain.です。「すぐよくなるよ」と医師が言えば、客観的な根拠に基づく発言なのでI'm certain.は確信を表します。「それは確かですか？」と確認を取るときにはIs that for certain?です。Is that for sure?が軽い確認であるのに対し、Is that for certain?は真剣に尋ねている感じです。

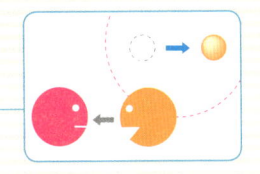

理解を深めよう！

「確かな」を使い分けよう

確かさの度合い

- **I need a definite reply.**
  私は確定的な回答が必要です。

- **I'm sure I turned off the lights.**
  確かに電気は消しました。

- **I'm certain that this plan will work.**
  私はこの計画がうまくいくと確信しています。

- **It's undeniable that he lied.**
  彼が嘘をついたのは紛れもないことです。

- **The cause of the problem is obvious.**
  問題の原因は明白です。

「確かな」を表すときにはcertainとsureを使いますが、後者が主観的な「確実さ」なのに対し、前者は客観的な「確信」を表しています。そして同じく客観的なのがdefinite「確定的な／疑いない」。

一方undeniableは「deny『否定する』ことができない」の意味で「もう議論の余地がない」ことを示し、an undeniable factは「紛れもない事実」となります。

最後の例文のobviousは「明らかな／明白な」の意味で、「見てすぐにわかる」というニュアンスがあるほか、obviousには「見え透いた／見え見えの」というネガティブな意味もあります。

レッスン 14

PART 2 身近な形容詞・副詞 ①

- **a definite reply** — 確定的な回答
- **undeniable** — 紛れもない
- **It's obvious.** — 明白だ

Quiz　正しい訳文はどっち？

It's certain that he'll be transferred.

1. 彼が転勤するのは確かです。 ／ 2. 彼は転勤するのを確信しています。

certainは明確な事実に基づいた「確実性」の高さを意味します。He's certainは「彼が確信している」。一方It's certain that he'll be transferred.は「that以下のことが確実である」。Is that certain?は「それは確かですか？」となります。

[答え] 1

味を表す形容詞

味を表す形容詞にも豊かなバリエーションがあります。
味だけでなく食感を覚えると表現が広がります。

味覚

sweet 甘い	**spicy** 辛い	**strong** 濃い
salty しょっぱい	**rich** こってりした	**thin** 味が薄い
thick 味が濃い	**scrumptious** とてもおいしい	**mouth-watering** よだれが出そうな
flavorful 風味豊かな	**savory** よい風味の	**gingery** しょうが風味の
peppery コショウのきいた	**garlicky** にんにくのきいた	**seasoned** スパイスをきかせた
ethnic エスニック風の	**pungent** 鼻や舌を刺すような	**greasy** 脂っこい
heavy 脂っこい、重い	**bland** うまみのない	**rotten** 腐った

食感

soothing 口当たりのよい	**chewy** 歯ごたえのある／かみごたえのある	**crispy** サクサクした
crunchy バリバリした	**mushy** 歯ごたえがない	**flat** （炭酸などが）気の抜けた
soggy 湿気っている		

味の基本的な要素は、「甘み」sweetness、「塩け」saltiness、「酸味」sourness、「苦み」bitternessのほかに「旨み」があります。「旨み」は日本独特のものと考えられ、専門家や日本通の外国人はそのままumamiと言うことが多いようです。ちなみに「旨み」を引き立てるだし汁、スープはbrothと言います。

PART 3
身近な形容詞・副詞②

「自分の気持ちをうまく伝えたい」。誰もが願うことですが、実際はなかなか難しいもの。そんなときPART3の言葉を知っていれば、あなたの願いがすぐに叶います！

レッスン 1 happy / lucky 形容詞

喜んでお手伝いします！

どちらも「幸せな気持ち」を表すhappyとlucky。嬉しい気持ちに違いはありませんが、場面によっては言葉の選択を誤るとちょっとまずい…というケースも。

悪いけどこの書類運ぶの手伝ってくれるかな？

I'd happy to help you.
（喜んでお手伝いします！）
先生！

あの学生いつも親切よね

学生課の職員

本当ねでも…

わっ鳥の糞が！

君！足が水溜まりに浸かっているよ！

He's not very lucky.
（やたら不運なのよね…）

そうね…

コアイメージをチェック 違いをみてみよう！

I'd be happy to〜.

喜んで〜します。

　happyは「幸せな」を表す場面で使われる頻度の高い言葉です。自分の満足や気持ちの充足を過不足なく表します。I'd be happy to〜は何かを申し出たり、依頼を受けたときの表現で、相手も同じくハッピーな気持ちになる表現と言えます。You must be happy to get promoted. は「昇進してお幸せでしょう」となります。

under a lucky star

幸せな星の下に

　born under a lucky star「幸せな星の下に生まれる」からわかるようにluckyは「幸せ」ではありますが、本人の努力とは関係なく「幸運な／運のよい」の意味になります。宝くじが当たったような場合にはぴったりです。また「まぐれ」の意味合いがあるため、昇進した相手にYou're lucky to get promoted. と言うのはNG。

理解を深めよう！

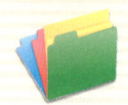

「幸せな」を使い分けよう

- **I was happy to hear about your success.**
  あなたの成功を聞いて私は幸せです。

- **I'm glad you weren't injured.**
  あなたにケガがなくてホッとしています。

- **You're lucky to have such a good friend.**
  こんなによいお友達がいてあなたは幸せですね。

- **This is an opportune moment for us.**
  これは私たちにとっては好都合です。

- **It was fortunate for her that she got promoted.**
  昇進したことは彼女にとっては幸運なことでした。

　happyは主語の満ち足りた気持ちを表し、luckyはその人の実力や人柄などとは関係ない「思わぬ幸運」を意味します。またhappyと互換性のあるgladには、嬉しいだけではなく「ホッとする」の意味があります。
　opportunity「よい機会」を名詞にもつopportuneは「好都合な／タイミングぴったりの」で、an opportune momentの形でよく使われます。
　またfortunateは「縁起のよい」の意味で、「偶然」の意味合いの強いluckyと異なり、その「幸運」はある程度予想されたものと考えられます。

レッスン 1

PART 3 身近な形容詞・副詞②

- glad
ホッとした

- an opportune moment
好都合

- fortunate
幸運な

とっさのワンフレーズ

He's always happy-go-lucky.

彼はいつだって楽天的です。

happy、go、luckyすべて前向きな単語を組み合わせたhappy-go-lucky「楽天的な」は「成り行き任せの」のニュアンスもありますが、決してネガティブではありません。似た表現のeasygoing「おおらかな／のんびりとした」も前向きな表現になります。

レッスン 2　true / real

形容詞

これは実話です…。

「本当の」を意味するtrueとrealを使い分けるのはなかなかむずかしいですが、テストなどで正誤を表すtrue ⇔ falseがひもとくカギになります。

This is a true story.
（これは実話です）

昨晩
僕が残業を終えて
会社の廊下を
歩いていると…

男子トイレから
念仏のような声が
聞こえてきたのです！

きゃー怖い！

嘘じゃないの？

No, it's real.
（いや現実だ）
翔太がケイトをデートに
誘う練習してた声だ

a true story
真実の物語

　trueはnot falseを意味します。すなわち「嘘／偽物ではないこと」を表します。a true storyは「嘘ではない真実の物語」。「彼の話は本当だ（嘘ではない）」と言うならWhat he said is true.です。周囲のうわさを耳にして、「そのうわさは本当なの？」と聞くときはIs that rumor true?とtrueは真偽の「真」に当たります。

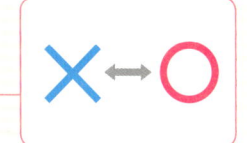

a real life
実生活

　実生活は「想像ではなく実際に存在する生活」のことで、realは「夢幻ではない現実」を表します。なのでreal goldは本物の金のこと。また、ひどい事件や災害が起き、とても信じたくなくても、「これが現実で、実際に起きていることなんだ」という場合もThis is real.になります。real estate「不動産」は「実際にある財産」のこと。

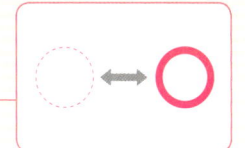

ワンランクアップ 理解を深めよう！

「本当の」を使い分けよう

- **It's true that Tokyo is a crowded city.**
  東京が混雑した都市であるのは本当です。

- **It's a real problem that can't be ignored.**
  それは、無視することのできない現実の問題です。

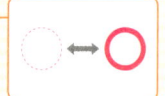

- **I've never seen an actual tornado before.**
  本当の竜巻をまだ見たことがありません。

- **Do we know that his story is factual?**
  彼の話が事実だって知っていますか？

同じ「本当」でも「嘘ではない」のがtrue。「嘘ではない本当の歴史」はtrue history、Be true to yourself. なら「自分自身に対して誠実でありなさい」という意味になります。

realは「想像」ではなく「実際／現実」を表し、「事実はひとつしかない」のニュアンスをもちます。actualはrealと似ていますが、「（それが事実か事実でないかにかかわらず）実際にある／存在している」という意味になります。

一方factualは「事実に基づく」で、a factual reportであれば「実録」になります。

レッスン 2

PART 3 身近な形容詞・副詞 ②

- **an actual tornado** 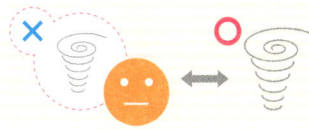
  本当の竜巻

- **a factual story** 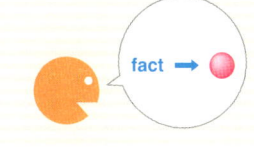
  真実の話

どっちがどっち？

apparent 明らかな　**apparently** どうやら〜らしい

It's apparent that he's lying.「彼が嘘をついているのは明白だ」のようにapparentは「明白な」を意味します。He's apparently lying.であれば「どうやら彼は嘘をついているらしい」となるように、apparentlyは「どうやら〜らしい」の意味があります。

レッスン 3

形容詞

true / right

それ本当なの？

「正しい」を意味する代表格のright と、「真実の」を表すtrue。ともに「正／誤」に関わる大切な単語なので、適切な使い方を覚えておきましょう。

Is that true?
（それ本当？）

どうしたんだい？

チャーリーがね、私の食べ方は危険だ 大変なことになるって言うのよ

コクン

コク

そんなこと ないわよねぇ

BLTとピザとパティ15枚 かさねただけよ？

He made the right decision.
（彼の判断が正しいわ）

まったくだ

コアイメージをチェック 違いをみてみよう!

Is it **true**?

それ、**本当**なの？

　誰かの話を聞いて「それって本当なの？」は「その情報は正しいの？」と本当かどうかを確かめるフレーズです。rightの反対語はwrong「間違っている」ですが、trueは「事象の真実／事実に照らして正しい」の意味なので、ニュアンスは異なります。「貧困の真の原因」ならthe true cause of povertyになります。

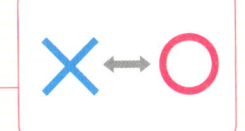

the **right** decision

正しい判断

　It's the right decision not to go with him. 「彼と付き合わないのは正しい判断だ」のrightは、善悪やものごとの道理から照らして「正誤の正（間違っていない／正しい）」の意味です。It's not right to tell a lie. は「嘘をつくのは正しいことではない」ですが、「真偽の真」を表すtrueとの入れ替えはできません。

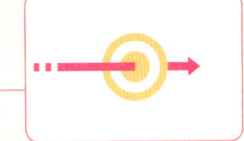

PART 3 身近な形容詞・副詞 ②

ワンランクアップ 理解を深めよう!

📁 「正しい」を使い分けよう

- **Are we going in the right direction?**
  私たち、正しい方向に進んでいるでしょうか？

- **Is it true that you went to school with Obama?**
  オバマと一緒に学校に通ったって本当ですか？

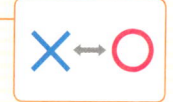

- **Is this the correct telephone number?**
  これ、正しい電話番号ですか？

- **Do you know her exact age?**
  彼女の本当の年齢を知っていますか？

- **Are you sure these figures are accurate?**
  本当にこの数字は正確ですか？

　rightは本来ものごとの道理や善悪の基準に照らした「正しい」ですが、この場合は「進んでいる方向が間違っていないか」という「正しさ」を確認する意味になっています。

　また「それって本当／正しい情報？」の意味のtrueは、その話が真実であるか、正しい情報であるかを尋ねています。

　correct「誤りがない」は、答えなどがそれひとつしかないということ。次にexactですが、その副詞exactlyは「プラスもマイナスもない」ことでした（→P72）。それと同じように形容詞のexactもまさに「ピタリ」を表します。accurateは「正しい」の中でも、事実関係において精度が高いことを表します。

レッスン 3

a correct telephone number

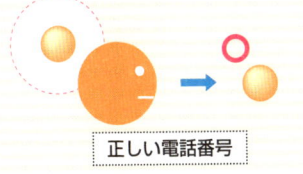

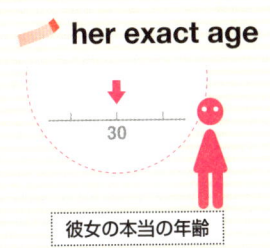

正しい電話番号

her exact age

30

彼女の本当の年齢

an accurate figure

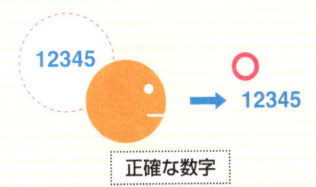

12345 → 12345

正確な数字

PART 3　身近な形容詞・副詞 ②

Quiz

ノンフィクション (non-fiction) と同じ意味になる単語は？

a (　　　) story

ノンフィクションとは事実に即した作品。「本当の」を意味するのはtrueやrealが考えられますが、「実話」➡「嘘でない話」であれば「真実の」を表すtrueを入れてa true storyに。a real storyは、ややニュアンスが違い「想像ではない現実味を帯びた話」。　[答え] **true**

レッスン 4 — normal / ordinary 　**形容詞**

天才と凡人は違うんだよ。

「普通」といっても、「ありふれた／平凡な」という意味もあれば「異常ではない／正常な」と解釈はさまざま。英語にもいろいろな「普通」があります。

すーっ

ハァァアッ！！

あの破壊力…先生は人間なのか…？

うーん　今日は調子でないなー

瓦50枚割り

新入生徒

That's normal for her.
（彼女にとってはこれが普通だよ）

新入りは皆同じこと言うんだよ

Geniuses aren't like ordinary people.
（天才と凡人とは違うんだよ）

normal conditions
通常の状態

　norm「標準」を語源とするnormalは、反対語 abnormal「異常な」から考えるとイメージがつかみやすいでしょう。「正常な／標準的な」の意味で、「異常でない」ということでもあります。コンピュータが正常に作動しているのはnormal mode、「何の異常もないいつもどおりの状態で」ならunder normal conditionsです。

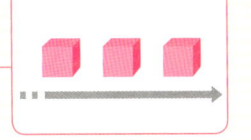

ordinary people
普通の人々

　平凡なあるアメリカの家族を描いた映画の題名が『ordinary people』。まさに、「ほかと比べても変わることのないありふれた／平凡な」の意味です。たとえばordinary lifeは「普通の生活」、ordinary caseは「通常の事例」ということになります。ちなみに、extraordinary「非凡な」はordinaryの反対語です。

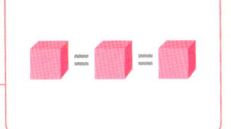

理解を深めよう！

「普通の」を使い分けよう

- **He's famous, but he's an ordinary guy.**
  彼は有名ですが、普通の男です

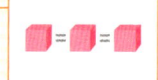

- **This is not a normal situation.**
  これは正常な状態ではありません。

- **Jaywalking is a common crime.**
  横断歩道外で道路を渡るのは、よくある犯罪です。

- **George came on time today, but that's not usual.**
  ジョージは今日時間どおりに来たけど、いつものことではありません。

- **Today was just a regular day.**
  今日もいつもどおりの１日でした。

「普通の」を表すordinaryは「特別でない」の意味ですが、異常がない状態の「普通の」を表現する際はnormalを使います。
　一方commonの場合の「普通」はcommon sense「常識」からわかるように、「一般社会で皆が思っている」という含みをもっています。
　usual「普通の」は「通常の／平素の」の意味になります。「いつもの場所で会おう」と言うのであればLet's meet at the usual place.です。
　またregularは「規則的な／定期的な」の意味で、a regular dayは「何も変わらない／いつもどおりの１日」を表します。

レッスン 4

a common crime
よくある犯罪

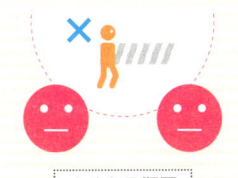

That's not usual.
いつものことではない

just a regular day
いつもどおりの日

PART3 身近な形容詞・副詞 ②

とっさのワンフレーズ

When will things return to normal?

いつ事態は正常に戻るのでしょうか？

「忙しい日々が終わり、ようやく生活が元に戻る」「戦闘後、社会が以前の状態に戻る」のように、ビジネスや日常だけでなく、政治や国際舞台でも使えるのが return to normal「正常に／平常に戻る」。normalは「正常な」→「異常ではない」の意味で「常態／平常」を表します。

レッスン 5　popular / famous　形容詞

街で一番人気の店ね。

「人気店」「有名店」の違いは今ひとつわかりづらいところがありますが、famousの語源から考えると、その違いは明確です。

This is the most popular restaurant in this city.
（ここが街で一番人気の店ね）

I heard that a lot of famous people eat here…
（有名人もよく食べに来るって聞いたけど…）

〇〇さんが来てるって？凄い！
〇〇さーんサイン頂戴！

芸能人のサイン貰ったんだって？誰のサイン？
し…知らない人…
何か流れでもらっちゃった

コアイメージをチェック 違いをみてみよう!

a popular singer
人気のある歌手

　a popular singerは名の知れた歌手ですが、ただ単に有名なだけではなく「人気のある歌手」でもあります。famousが「名の知れた」を意味しているのに対し、popularは「名も知られていて、大衆に好かれている」という意味。おいしくて行列ができるお店はa popular restaurantになります。

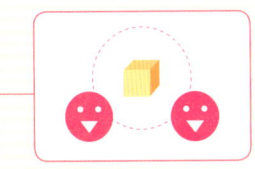

a famous professor
有名な教授

　famousはfame「名声」が元になっており、a famous professorは「名の知れた／著名な教授」になります。しかしfamousであっても、人気があるとは限りません。由緒正しい老舗ホテルはa famous hotelであっても、必ずしも「人気ホテル」ではありません。famousは多くの人に知られていることが基本になります。

PART 3 身近な形容詞・副詞 ②

ワンランクアップ 理解を深めよう！

「有名な」を使い分けよう

- **Sally is famous for her beautiful voice.**
  サリーはその美しい歌声で有名です。

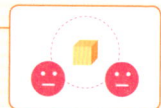

- **Shibuya is popular with foreigners.**
  渋谷は外国人に人気があります。

- **George is a well-known rapper.**
  ジョージはよく知られたラッパーです。

- **He's a noted scientist in Japan.**
  彼は日本で著名な科学者です。

- **He's a notorious gangster.**
  彼は悪名高いギャングです。

　人々に名前を知られていることを意味する「有名な」の代表格famousは広い範囲で有名であることを表します。有名なだけでなく、多くの人から好かれているのがpopularです。well-knownは「名を知られている」の意味ですが、ある特定の範囲内で有名なことで、必ずしもよい意味だけではなく、悪い意味でも使われています。

　notedは「注目されている／著名な」で、well-knownと同じく特定の分野において有名であることを意味しています。また「有名」でも、逆の意味で名を馳せている人、いわゆる「悪名高い」ならnotoriousになります。

レッスン 5

PART 3 身近な形容詞・副詞 ②

- **well-known** よく知られた
- **noted** 著名な
- **notorious** 悪名高い

Quiz

（　）の中に入るのは famous？ popular？

Karajan was a very (　　) conductor.
カラヤンはとても有名な指揮者でした。

カラヤンは名の知れた人物ですが、若者たちから圧倒的支持を集めているロックグループなどとは異なります。そのような場合はpopularを使います。カラヤンも人気のある指揮者でしたが、この場合は高名な／名のあるfamousと考えるのが自然です。

［答え］ **famous**

レッスン 6 personal / private [形容詞]

私的な時間でやりなさい！

「誰のでもない」「皆ではなく私個人の」など「私」に関わることを表す形容詞の代表格はpersonalとprivateですが、その違いは明確です。

Don't bring your personal interests to work!
（個人の趣向を仕事に持ち込むな！）

どうしたんだ？

こいつ会社の備品PCをデコりまして…

これで皆楽しく仕事できますよ！

島田君！

キッ

ほわん

はい！

Do that in your private life.
（こういうのはプライベートの時間でやりなさい）

はーい♪

心中お察しします…

がクリ

コアイメージをチェック 違いをみてみよう!

a personal matter
個人的な問題

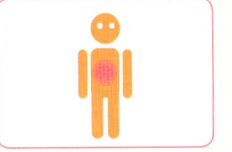

「個人的な」を表すpersonalは、person「人」に由来する言葉で、privateに比べて個人の内面に関するニュアンスが強い言葉です。たとえば、Religion is a personal matter.「宗教は個人的な問題です」。またmy personal opinionは「ほかの誰の意見でもなく私個人の意見」という意味合いになります。

one's private life
プライベートの時間

privateは、private beach「プライベートビーチ」やprivate school「私立学校」からもわかるようにpublicとの対比で「公的ではなく私的な／個人の」の意味。one's private life「私生活」と聞くと、「あまり知られていない秘密の生活」のイメージがありますが、privateには「非公開の」の意味も含まれています。

理解を深めよう!

「個人の」を使い分けよう

- **Can I talk to you about a personal problem?**
  個人的な問題をお話してもよろしいでしょうか。

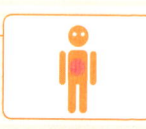

- **This is a private issue, so don't tell anyone.**
  これ私的な件です。誰にも言わないでください。

- **There are individual differences.**
  個人差があります。

- **It's not characteristic of him to tell lies.**
  嘘を言うなんて彼らしくありません。

　personalが示す「個人の」は「ほかの誰でもない私個人の／内面的な」の意味があります。privateはpersonalと同じく「個人の」の意味で、public「公的な」の反対語としての「私的な」と考えると理解しやすいでしょう。

　同じ「個人の」でもindividualは「個々の」という「個体／個別性」に焦点が当たっています。個人個人の権利や主義を尊重する「個人主義」はindividualismになります。

　また名詞characteristicが「特徴／特性」の意味であることから形容詞は「特有の／特性を示す」という意味になり、characteristic of〜は「いかにも〜らしい」となります。

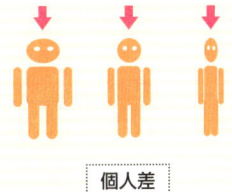

レッスン 6

PART 3 身近な形容詞・副詞 ②

- individual differences
- characteristic of him

個人差 / 彼らしい

Quiz

（　）の中に入るのは personal？ private？

in one's public and（　　　）affairs
公私両面で

公私両面で頑張っていると言う場合の「公」はpublic affairs。affairsは「事柄／出来事／事態」。public「公の」と対応するのがprivate。同じく「個人の」を意味するpersonal affairsも「私事／個人的なこと」ですが、「人事」などの意味もあります。［答え］**private**

147

レッスン7 　fat / heavy 　形容詞

お前だって太っているぞ！

「太った」にはニュートラルな言葉もあれば、「デブの」というネガティブな意味を表す言葉もあるので、きちんと使い分ける必要があります。

Wow, that's a fat dog.
（あらおデブな犬ね）

アメリカでは犬も大きいのね

※葵

フン

You're pretty heavy yourself.
（お前だって十分太ってるじゃないか）

おなかへった〜

のっしのっし

コアイメージをチェック 違いをみてみよう!

a fat dog
デブの犬

「低脂肪牛乳」はlow fat milkと言います。fat「脂肪」の意味から、「デブの」の意味になります。犬に対して言う程度ならまだ問題ありませんが、a fat girlのように人間に使うのはかなり失礼になるので注意しましょう。ちなみにfatには「たっぷりの／儲かる」の意味もあり、a fat salaryは「高額な給料」となります。

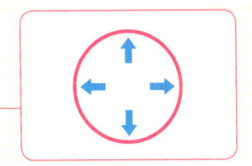

a heavy man
太った男

「太った」を表す中立的な言葉の1つがheavy。「重い」を表すheavyには「デブ」の意味合いはなく、「体重がある」イメージです。「太った」というよりも「太り気味」程度であればShe's on the heavy side.「彼女はちょっと太り気味だね」と言えばよいでしょう。またThat's heavy.なら「重い話だね」となります。

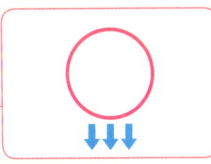

ワンランクアップ 理解を深めよう！

「太った」を使い分けよう

太さの度合い

- **My wife thinks I'm getting too fat.**
  妻は私がデブになりつつあると思っています。

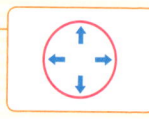

- **He's overweight.**
  彼は太りすぎです。

- **I'm heavy, but I'm not fat.**
  私は太っていますが、デブではありません。

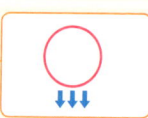

- **He's a football player, so he's pretty thick.**
  彼はフットボールの選手なので、かなり厚みがあります。

- **His girlfriend is kind of chubby.**
  彼の彼女はふっくら系です。

「太った」という言葉は、使い方が難しく、その中でもfat「デブ」は「脂肪過多」な太り方を示すので要注意です。overweightは「体重過多」で、太りすぎという意味合いもありますが、中立的な表現です。heavyは太ってはいますが「重い」を強調する意味合いで、非難のニュアンスはありません。

本の厚さなどを表すthickは人間に使えば「厚みのある」なので、同じ「太った」でもがっちりした肉厚の体が思い浮かびます。

ほかにも太り方にはいろいろあってchubbyは「丸々とした／ぽっちゃりとした」の意味になります。

レッスン 7

PART 3 身近な形容詞・副詞②

overweight
太りすぎの

thick
厚みがある

chubby
ふっくらした

どっちがどっち？

serious 深刻な　　**heavy** （心が）重い

He's serious.「彼は真面目だ」、a serious problem「深刻な問題」のようにseriousは「深刻な」の意味にもなります。一方heavyは、heavy industry「重工業」のような物理的な重さだけでなく、I have a heavy heart.「（悲しくて）心が重い」のように使われます。

レッスン 8 — 形容詞
interesting / funny
面白い冗談ね。

「面白い」ときは、相手に何が面白いのかきちんと伝えなければなりません。interestingとfunnyのそれぞれの元になっている言葉から考えましょう。

先生！同じ型なのに流派によって雰囲気が違うのは何ですか？

呼吸や考え方が違うからよ 君もたくさん練習して型を自分のものにしてね

ほかに質問のある人はいる？

That's an interesting question.
（面白い質問ね）

はい！

はいマイク君

先生は二重人格ですか？

That's a funny joke.
（面白い冗談ね）

道場の周りを10周してきなさい

152

コアイメージをチェック 違いをみてみよう！

an interesting question
面白い質問

「面白い」を表す最も一般的な言葉interestingは、interest「関心／興味」を元にした形容詞です。ここからわかるように、an interesting question / bookなどは「興味をそそられる質問／本」の意味であり、知的な意味合いを含んでいます。またThat's an interesting point.は「興味深い考察ですね」の意味になります。

a funny joke
面白い冗談 

Let's have fun.「楽しもう」のfun「面白いこと／楽しいこと」を元としたfunnyは「笑えるような面白さ／こっけいさ」を表す形容詞です。興味深いレポートを出してきた人にYour report is really funny.と言ったら、「ちょっとこっけいだね／笑っちゃうね」と失礼に当たります。この場合はinterestingを使います。

ワンランクアップ 理解を深めよう!

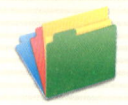

「面白い」を使い分けよう

- **Your presentation was really interesting.**
  あなたのプレゼンは大変興味深かったです。
- **George likes to tell funny jokes.**
  ジョージはおかしな冗談を言うのが好きです。
- **The dinosaur bones were amazing.**
  恐竜の骨は驚くほどすごいです。
- **Sally told a humorous story about her family trip.**
  サリーは家族旅行についてユーモアあふれる話をしてくれました。
- **Dinner at her house wasn't enjoyable at all.**
  彼女の家での夕食はまったく楽しくありませんでした。

　知的興味をかき立てる意味での面白さはinteresting、対するfunnyは「こっけいさ」を伴った「面白さ」を表しますので、使い方には気をつけましょう。

　同じ「面白い」でもamazingは「驚くほどの/目を見張る」の意味で、そのすばらしさや面白さに驚かされたときに使われます。

　一方humorousはげらげら笑う面白さではなく「ユーモアにあふれた」の意味。またenjoyableはenjoy+able「楽しむことができる」の意味で、喜びや楽しさを与えてくれる「面白さ/楽しさ」になります。

レッスン 8

PART 3 身近な形容詞・副詞 ②

an amazing bone
驚くほどすごい骨

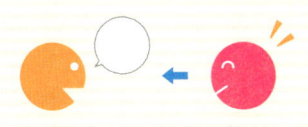

a humorous story
ユーモアあふれる話

an enjoyable dinner
楽しい夕食

とっさのワンフレーズ

Very funny！

笑いごとじゃないよ！

Very funny!「すっごくおかしい！ 笑っちゃう！」はIt's not very funny.「笑っている場合じゃない／冗談じゃない！」と同じ意味で使われる表現です。口調や表情に気持ちを込めることで、あなたの怒りは相手にきちんと伝わります。

レッスン 9 　形容詞
wrong / false
虚偽情報をつかまされた！

「間違いの」「誤った」を表すwrongとfalseですが、その違いは微妙です。「falseはtrueの反対語」と考えると正しい使い方が見えてくるかも？

You have the wrong number or maybe it's out of range.
（番号が間違っているか電波の届かないところにいるため…）

I got some false information!
（虚偽情報をつかまされた！）

どうしたの？

虚偽の情報って一体…

昨日合コンで番号交換した子に電話が繋がらないんだ…

あほらしい…心配して損した…

コアイメージをチェック 違いをみてみよう！

the wrong number
間違い電話

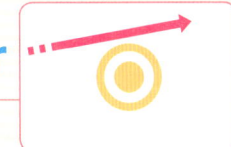

wrongはrightの反対語です。You've got the wrong number.「間違い電話です」のときのwrongは「正しくない」を意味し、意見の間違いだけではなく、道徳的な間違いなどにもThat's wrong.「それは間違っているよ」のように使います。ただし、You're wrong.は個人に対する非難にもなるので要注意です。

false information
虚偽情報

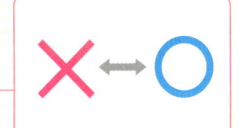

true「真の」の反対語のfalse「偽の」はfalse information「虚偽情報」、false advertising「虚偽広告」のように使われます。またHe gave a false impression.は「彼は誤った印象を与えた」の意味。これも「虚偽」に近い印象です。ほかにfalseには「見せかけの」の意味もあり、false teethは「入れ歯」になります。

理解を深めよう！

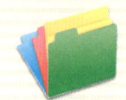

「間違いの」を使い分けよう

- **You're doing that the wrong way.**
  あなたのやり方、間違っていますよ。

- **His statement to the police was false.**
  警察に対する彼の供述は虚偽です。

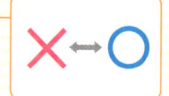

- **You're incorrect about one small detail.**
  ひとつ些細なことを間違っています。

- **Your passport is invalid.**
  あなたのパスポートは無効です。

- **His explanation in the report was inexact.**
  報告書の彼の説明は不正確です。

　この場合のwrongは道徳的や道義的に見ての「間違い」になります。同じ間違いでも「真偽」の「偽」に当たるfalseは「虚偽の／偽の／誤った」の意味になります。incorrectはcorrect「正確な」の反対語で、「間違った」といっても「道徳的に」のニュアンスはなく、事実に反しているときや事実と異なるときに使われます。

　valid「根拠の確実な／正当な」の反対語invalidは、この例文であれば「法律的な根拠がない」➡「無効の」の意味になります。

　またデータなどが「厳密でない／不正確な」を表したいのなら、例文のようにinexactを使います。

レッスン 9

incorrect

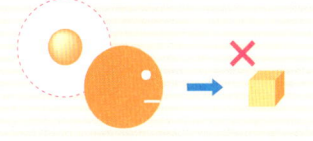

間違っている

an invalid passport

無効なパスポート

an inexact explanation

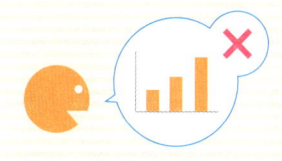

不正確な説明

PART 3 身近な形容詞・副詞 ②

とっさのワンフレーズ

I got off on the wrong foot.

幸先が悪い。

ベッドから降りるときは右足から、などとゲンをかつぐ人がいます。いつもどおりにしなかったことで喜ばしくないことが起きたときに使えるのが「間違った足で降りた」➡「今日は幸先が悪い」。「今日は幸先がいいんだ」であれば、反対に I got off on the right foot. と言います。

レッスン 10 — funny / strange （形容詞）

何か変だぞ？

「変な／奇妙な」を表すstrangeとfunnyですが、「奇妙な」「普通と違っている／変な」という微妙なニュアンスの差があります。

とうとう葵の帰国日だね…って翔太？

……

Something's funny.
（何か変だぞ…？）

A strange lady is coming this way.
（奇妙な女性がこちらにやってくる…）

！

お兄ちゃん私よ！葵！

大人っぽく成長しすぎてわかんなかった？

あ…葵!? 成長というか突然変異レベルだよ！

コアイメージをチェック 違いをみてみよう!

It's funny.
何か変です。

「面白い」を表すfunnyには、「通常とは違う」のニュアンスもあります。Something's funny.「何か変/あやしい」は雰囲気の中に普通ではないものを感じたときの表現ですが、「ファックスや自動車のエンジンが通常とは違う、何か変だ」というときにも使えます。I'm feeling kind of funny.なら「少し気分が悪い」です。

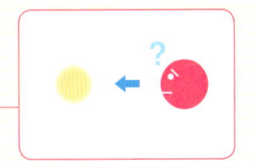

a strange woman
奇妙な女性

strangeは「奇妙な/一風変わった」を意味します。I have a strange feeling.なら「奇妙な感覚がある」、I feel strange.なら「違和感がある」という意味です。You're strange.は「あなたって変わっているね」。It seems strange that he would say that.「彼がそんなことを言うなんて変だ」の意味になります。

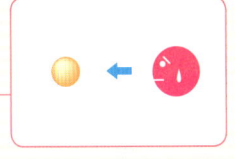

PART 3 身近な形容詞・副詞 ②

理解を深めよう！

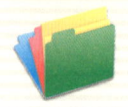

「おかしい」を使い分けよう

- **It's strange that she would keep her marriage a secret.**
  彼女が結婚を秘密にしようとしているのは変です。

- **His explanation was funny.**
  彼の説明は奇妙でした。

- **Something's fishy about her story.**
  彼女の話は何かうさんくさいです。

- **I heard some odd news this morning.**
  今朝、変なニュースを聞きました。

- **It's weird that he would say such a thing.**
  彼があんなことを言うなんて何か変です。

「おかしい」には「変な」と「面白い」の2つの意味があります。strangeは前者で「不思議な／違和感がある」のニュアンス。同じくfunnyには「よくわからないけど何か変」の意味があります。

　fishyもまた「何かあやしい／うさんくさい」を表現し「おかしさ」がさらに深まります。oddはstrangeと似ていますが、strangeよりも「奇妙さ」に重点がおかれています。

　またweirdも「おかしい」にはよく使われる言葉ですが、「何か変」よりも、「なぜ？／どうして？」の意味合いが強く感じられます。

レッスン 10

PART 3 身近な形容詞・副詞②

- **a fishy story**

うさんくさい話

- **odd news**

変なニュース

- **weird**

何か変な

どっちがどっち？

funny 変な　　**strange** 奇妙な

He's strange. は「彼って変わっているね」と、彼が普通の人とは少し違っていることを表します。He's funny. なら「彼って面白いね」の意味。It's funny that he would say that.「彼がそんなことを言うのはおかしい」と言えば「奇妙な」になります。

レッスン 11 seldom / hardly

副詞

ほとんど一緒に過ごしていないね。

seldomもhardlyも「全く〜でない」という全否定ではなく「めったに／ほとんど〜ない」を意味する準否定語で、「回数・頻度」「量・程度」を表しています。

そういえば…
Your dad is seldom at home.
（翔太の父さんって
めったに家にいないよな）

忙しい人だからね
When I was a child, we hardly spent any time together.
（子どもの頃もほとんど
一緒に過ごしてないし…）

父親は苦手？

いいや

父さんがいると
ゲームのレアモンスターに
会ったときみたいに
うれしいよ

レアお土産くれるし

珍獣扱いか

コアイメージをチェック 違いをみてみよう！

seldom at home
めったに家にいない

　seldomは準否定語の中の「頻度・回数」を表し、「発生がめったにないこと」を伝えます。He's seldom at home.は「彼はめったに家にいない」の意味で、頻度でいえば「週に2、3回程度いる」こと。seldom go outなら「めったに外出しない」。同じく頻度や回数を表すrarelyに比べて、seldomのほうが固い表現になります。

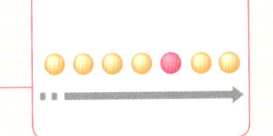

hardly believe
ほとんど信じない

　hardlyはhardの副詞形ではありません。準否定語のhardlyは「量・程度」が少ないことを表します。I can hardly believe that.であれば、それを信じる「量」が少ないこと。またI hardly know anything about that.「知っていることはほとんどない」なら知識や情報の量のことを指しています。

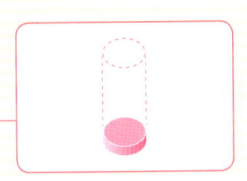

PART3 身近な形容詞・副詞②

理解を深めよう！

「めったに〜ない」を使い分けよう

頻度の低さの度合い

- **I seldom have time to go to the movies.**
  映画に行ける時間がめったにありません。

- **It rarely snows in this part of the country.**
  国のこの地域にはめったに雪が降りません。

- **This is a desert, so it only rains sporadically.**
  ここは砂漠なので、時折雨が降るだけです。

- **I hardly ever go swimming in the ocean.**
  私は海に海水浴にはまず行きません。

- **Sally scarcely ever calls me.**
  サリーはまず私に電話をしてきません。

　notを使わずに否定の意味を示すseldom「めったにない」とhardly「ほとんどない」は「頻度／回数」と「量」を明確に言い分けています。seldom have time「ほとんど時間がない」は低い頻度を表しています。

　「頻度」を表すrarelyの度合いは30パーセントに満たないと考えられています。またsporadically「散発的に」は、頻度を表していますが、その頻度は「たまに」程度となります。「量」を表すhardlyはhardly everにすることでnever「まったくしない」に近いレベルまで「量」を下げています。同じく「量」を表すscarcelyはeverを補完することで「まず〜しない」の意味になります。

レッスン 11

● 頻度の程度

seldom	
rarely	
sporadically / hardly / scarcely	

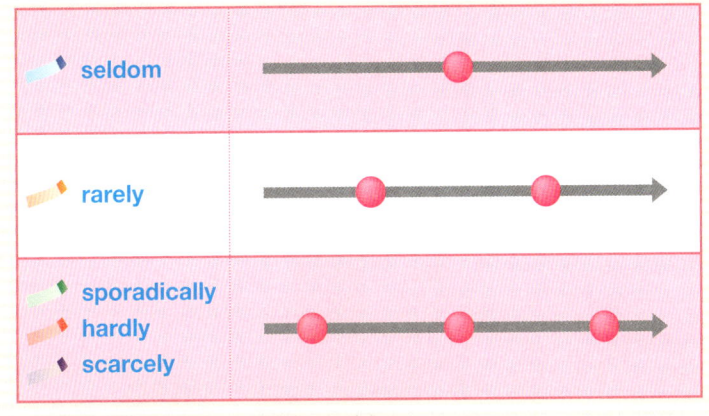

※ ●の間隔が狭いほど、頻度が高くなります。

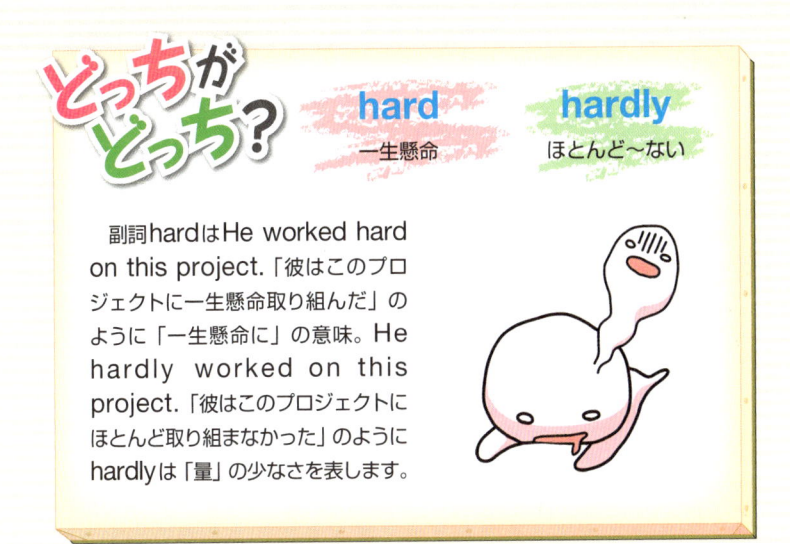

PART 3 身近な形容詞・副詞 ②

どっちがどっち？

hard 一生懸命

hardly ほとんど〜ない

副詞hardはHe worked hard on this project.「彼はこのプロジェクトに一生懸命取り組んだ」のように「一生懸命に」の意味。He hardly worked on this project.「彼はこのプロジェクトにほとんど取り組まなかった」のようにhardlyは「量」の少なさを表します。

レッスン12 hard / solid — 形容詞

硬くなったパンしかないよ。

いろいろな「固い」の中でも、ここでは物質の固さを取り上げます。hardは「固さ」を表現するときの最も一般的な形容詞で、solidとは根本的に違います。

お腹空いた〜何かないかしら…

僕もおなかすいたー

残念！
We only have hard bread.
（硬くなったパンしかないよ）

うわ硬っ！
This could break down a solid wall.
（固い壁でも壊せそう！）

面白い

ためしにえいっ！

ウッ！ オウッ！

何やってんだお前ら

コアイメージをチェック 違いをみてみよう!

hard bread
硬いパン

　hardの「固さ」は表面が固いイメージ。hard breadもa hard bedも中身までカチンカチンのパンやベッドではありません。また「硬質な」の意味もあり、hard waterは「硬水」で、その反対はsoft water「軟水」です。hardは「否定できない／確かな」という表現でも使われ、たとえばhard informationは「怪しくない情報」。

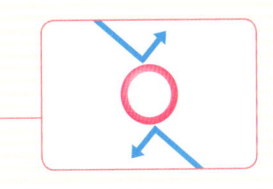

solid fuel
固形燃料

　表面が固いhardと違い、solidは表面だけでなく、中身までスカスカではなく固い様子を表します。パンやベッドと違い、solid fuelは中身までカチンカチンのイメージです。またsolidには「まるまる／絶え間のない」の意味もあり、I stayed at my office for a solid week.は「まるまる1週間家には帰っていない」。

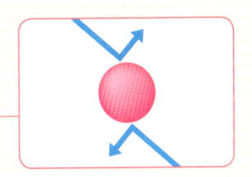

理解を深めよう!

「かたい」を使い分けよう

- **Wood is not a very hard material.**
  木はそれほど硬い資材ではありません。
- **This wall is solid stone.**
  この壁は硬い石です。
- **My plans for next week are firm.**
  次週の私の計画は確定しています。
- **I'm determined to finish this project by the deadline.**
  期日までに、このプロジェクトを終えようと決心しています。
- **Why is this steak so tough?**
  このステーキ、なぜこんなに固いの?

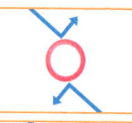

「かたい」といっても、「物質／材料」などの硬さを言う場合と「決心」など心のあり様を言う場合があります。

　汎用性の最も高いhardは材料の硬さの場合、表面だけが硬いことを表しています。対するsolidは、表面と内部両方が硬いことを意味します。

　またfirmは「堅固な／しっかりした」の意味から、この場合は計画が「固定した」→「確定した」の意味になります。

　次に心の表現ですが、determinedが表すのは「決意／意思」の固さです。同じくtoughは気持ちや信念の「硬さ」を表しますが、ほかに肉などのような「物質の硬さ」も表します。

レッスン 12

a firm plan
確定している計画

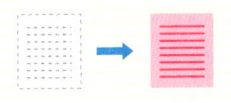

I'm determined
決心している

a tough steak
固いステーキ

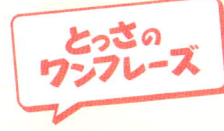

身近な形容詞・副詞②

> **とっさのワンフレーズ**
>
> ### This is a hard deadline.
> 絶対変えられない締切です。

「固い」を表すhardには多くの意味があります。壁や家具などに使うhard boardは「硬い板」で、a hardlinerは政治家など「妥協しない保守的な人/強硬路線の人」。a hard deadlineのhardは「否定（変更）できない」の意味。二度と引き延ばしはできません。

レッスン13 professional / expert
形容詞

彼は精通しているけど…！

professionalとexpertは、同じ「専門的な」という意味をもちながら、大きく違うのは、その専門性によって対価を得ているか、得ていないかという点です。

あの子かわいいなぁ

おいし〜

I'm a professional securities trader.
（僕は証券マン）
株のことならお任せあれだ！

キャー

カッコいい〜

こっこっちだって！

He's an expert takoyaki maker.
（彼はたこ焼きに精通している）
たこ焼きのことならお任せあれだ

そ…そう…

翔太…
ありがたいけど
支援になってない…

professional baseball
プロ野球

　プロ野球は、料金を取って試合を見せ、選手は野球という自分の専門的な能力に対して対価を得てます。つまりprofessionalは「職業」です。たとえ経験が少なくても、子どもであっても対価を得ればprofessionalということになります。ここがamateur「アマチュア」とは大きく違うところです。

an expert surfer
熟練したサーファー

　「職業的な専門」のprofessionalと異なるのは、expertが「精通した／熟練した」という意味をもちながら、その専門性や技術で対価を得ていないことです。experience「経験」を積むことで、その道に精通している人は多くいます。世間にはプロと見紛うような料理の腕をもつ主婦がいます。彼女はan expert cookになります。

理解を深めよう！

「専門の」を使い分けよう

- **He had a long career as a professional actor.**
  彼は職業俳優として長い経験がありました。

- **He's an expert designer.**
  彼はデザイナーの専門家です。

- **We made a specialized application to solve this kind of problem.**
  この手の問題解決を図るために、特別なアプリを作成しました。

- **Give me a technical explanation.**
  専門的な説明をしてください。

「専門の」を表すprofessionalですが、「俳優」でも映画や舞台に出てお金を得ている人はa professional actorで、私的な劇団で対価を得ずに俳優をしている人はan amateur actorとなります。
　一方expertは「対価を得ていない専門家」です。an expert designerは会社で社員として働きながらデザインを専門にしている人になります。
　また、specializedはある特定な分野で何かに「特化した」の意味、technicalは「専門的な／技術的な」です。

レッスン 13

PART 3 身近な形容詞・副詞 ②

- specialized
特化した

- a technical explanation
専門的な説明

とっさのワンフレーズ

He has an expert eye.
彼には熟練の目があります。

an expert eyeは「専門家／熟練者としての目」➡「目が高い／鋭い」の意味。たとえば真贋や真偽を見極めるのには、必ずしもprofessionalの目が必要ではなく、その道に熟達したan expert eyeが必要となります。cast an expert eye to〜なら「〜に専門家の目を向ける」になります。

レッスン 14 — 形容詞

old / senior

年寄り社員さ。

人が古くなる、つまり年をとることは一般的にoldと言います。また高校や大学の最終年生はsenior。これも年長を表す語ですが、大きな違いがあります。

マイク君 ここの操作を教えてくれるかい？

はい！

さっきは煩わせて悪かったね
I'm an old employee myself.
（私ももう年寄り社員さ）
つくづく実感するよ

そんなことありません！

You're the senior employee that I respect most.
（奥村さんは僕が尊敬する先輩です！）

マイク君…

君が使ってるの私のカップだよ…

水さして悪いけど

わっ すみません！

コアイメージをチェック 違いをみてみよう!

an old employee
年とった社員

oldは人や物が物理的に古いことを表す最も一般的な形容詞です。manやpeopleなどの名詞と組み合わせれば「年寄りの／年とった」の意味に。ただan old employeeは「もう若くはない／年寄りの」の意味で最近は歓迎されない言葉です。17 years old「17歳」のoldは「古さ」ではなく単なる「年月の長さ」を表します。

a senior employee
先輩社員

senior「年とった」はoldより丁寧な言葉で、「ご老人」をsenior citizenという人も増えています。またseniorは、「年上の」の意味もあり、若くても比較する人より年上であればa senior employee「先輩の社員」となります。ちなみに反対語はa junior employeeです。さらにseniorは「上級の」も意味します。

ワンランクアップ 理解を深めよう!

「年とった」を使い分けよう

丁寧さの度合い

丁寧
- Most of the voters are actually **senior** citizens.
  ほとんどの投票者が実際はお年寄りです。

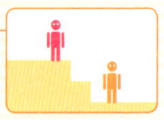

- I helped an **elderly** man cross the street.
  年配者が通りを渡るお手伝いをしました。

- His grandfather is too **aged** to live alone.
  彼の祖父は一人で住むには年齢を重ねすぎています。

- A lot of **old** people want to live independent lives.
  多くの老人が自立した生活をしたいと思っています。

失礼

　人間など、生物が年をとった場合に最も使われるのがoldですが、最近では「老人」を表すold peopleなどは「年寄り」というネガティブな意味があるため、あまり使われない傾向にあります。
　seniorは「年とった/年上の」の意味だけでなく、自分よりも「地位や立場が上の」を表すため、senior citizensを最も丁寧な「老人」の呼び方と考える人もいます。
　elderlyは「初老の/年配の」以外に「自分よりも年上の」というニュアンスがあります。またagedは「年を重ねる」の意味があり「敬老の日」はRespect for the Aged Dayと言います。

レッスン 14

身近な形容詞・副詞②

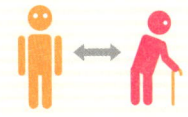

- an elderly man — 年配者
- aged — 年を重ねる

Quiz 合弁会社の場合、どちらの訳文が正しいでしょうか?

He's the senior partner.

1. 彼は代表社員だ。 / 2. 彼は長い経験があるパートナーだ。

seniorには「年をとった/先輩の」の意味のほかに地位の高さを表す「上席の/高位の」の意味があります。たとえば、共同出資した合弁会社などでa senior partnerと言えば、「より力のあるほうのパートナー」➡「そのままいけばCEOの座につける代表社員」のこと。　　[答え] 1

天気・天候を表す形容詞

無難な天気の話は、会話のきっかけにもなります。
晴れても降っても、ひとまず天気の話をしてみましょう。

よい天気

fine	lovely
よい	よい天気の
clear	**nice**
晴れた	気持ちのよい
sunny	**cloudy**
明るく輝く、日が照った	曇った

悪い天気

overcast	damp
どんよりした	じめじめした、不快な
humid	**hazy**
湿気のある	もやがかかった、かすんだ
foggy	**misty**
もやの立ち込めた	もやのような、うすぼんやりした
muggy	**scorching**
暑苦しい	焼けるように暑い
stormy	**terrible**
嵐の、暴風雨の	ひどい
rainy	**frosty**
雨降りの	霜の降りる、凍る寒さの、霜で覆われた
windy	**snowy**
風の強い	雪の降る
drizzly	
時雨模様の、霧雨の	

天気は通常「It's + 形容詞」で言えば間違いありません。形容詞を多く知っていれば、さまざまな天気に対応できます。ほかにも It looks like rain. 「雨が降りそうだ」、It's raining on and off today. 「今日は降ったり止んだりだ」、It cleared up. 「晴れた」などの言い方もあります。

PART 4

できると思われる！
形容詞・副詞

PART4は上級者編です。この章の形容詞・副詞をマスターすれば、あなたのコミュニケーション力もかなりのレベルになり、ネイティブとの会話も弾むはずです！

レッスン 1 — 形容詞

old / antique

骨董品の時計じゃないか！

「人」ではなく、「物」が物理的に古い場合はoldが一般的ですが、ただ古いだけでなく、何か付加価値がある「古さ」を表す言葉もあります。

物置の整理手伝ってるんだって？

ごくろうさま

うん

何だこれ
This clock is really old.
（古い時計だな…）

って！
It's an antique clock!
（これ骨董品の時計じゃないか）

テレビでやってたよ！お宝って初めて見た！すっげぇぇ！

興奮してるところ悪いけど…

これ懸賞で当てたレプリカだよ…

がっかり!!

ガクゥ

コアイメージをチェック 違いをみてみよう!

an old clock
古時計

「年月の経過」を示す「古い物」を表す場合、間違いないのがoldです。家の柱にかかった古時計で、特に歴史や由緒などがない普通の時計はan old clockとなります。またoldは年月の長さとはかかわりなく、比較して、少しでも古ければoldになります。冷蔵庫の中に入れっぱなしの「古い卵」もan old eggで表すことができます。

an antique clock
骨董品の時計

antiqueは同じ「古い」であってもoldにはない「骨董的な価値」や「年代もの」と言った意味があります。an antique clockであれば、ただ古いだけではなく「骨董品」として「希少価値がある時計」になります。ただしantiqueはカップ、時計、家具などを修飾する言葉で、通常、古いお寺やお城に使われることはありません。

理解を深めよう！

「古い」を使い分けよう

- **I bought this computer in 2005, so it's getting really old.**
  このPCは2005年に買ったので、本当に古くなっています。

- **She has some valuable antique rings from the 19th century.**
  彼女は19世紀の価値ある骨董品の指輪を何点か所有しています。

- **I like reading classical Greek mythology.**
  私はギリシャ神話の古典を読むのが好きです。

- **This is a classic example.**
  これは古典的な実例です。

- **This ancient wall was built 2,000 years ago.**
  この古代の壁は2,000年前に建造されました。

人間以外の「古さ」を表す場合で一番幅広く使えるのもoldです。同じく「古い」のantiqueは名詞だと「骨董品」ですが、形容詞の場合は「骨董品の／骨董的価値のある」の意味になります。

一方よく迷うのがclassicalとclassicです。クラシック音楽は正しくはclassical musicで、classicalには「古典的な／古典主義の」などの意味があり、classicは「昔からある／すぐれた／一流の」を表します。

同じ「古い」でもずっとさかのぼるのが「古代の」ancientで、ancient history「古代史」のように使われます。

レッスン 1

classical mythology

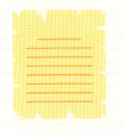

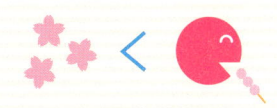

古典的な神話

a classic example

昔からよくある例（花より団子）

an ancient wall

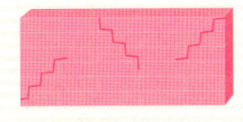

古代の壁

PART 4 できると思われる！形容詞・副詞

とっさのワンフレーズ

I'm new here.

こちらでは新参者です。

　この場面でのoldの反対はyoungではなく「新しい／新人の」。I'm new here. は「私はここでは新参者です」の意味で「よろしくお願いします」のニュアンス。I'm new. と言っても必ずしも若い必要はありません。たとえベテラン社員でも他社では「新人」です。

レッスン 2　actually / really　副詞

本当に安いんだって！

「本当に」と言うときにすぐに浮かぶのがreallyですが、「実際に」と言うときはactuallyが思い浮かびます。その違いは少し複雑です。

高いと思うでしょう？
It's actually cheap!
（実際のところお安いんです！）

なんと12枚セットで1万円！

よし買った！

待てよマイク
それ高くない？

It's really cheap!
（本当に安いんだって！）

こんなチャンス逃したらもったいない！

じゃ手裏剣24枚ちょうだい！

まいど！

別にいいか

忍者グッズ即売会

ま、まあ価値観は人それぞれだから…

コアイメージをチェック 違いをみてみよう!

actually cheap
実際に安い

　really cheap と同じように、相手に価格の説明をする場合、actually cheap であれば「(ビックリすると思いますけど) 実際のところ安い」の意味になります。actually には「実は…」と打ち明け話をするニュアンスがあります。たとえば「実は仕事を辞めたんだ」という場合は Actually, I quit my job. と表現します。

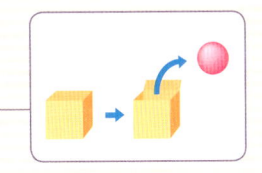

really cheap
本当に安い

　バーゲンなどでお客の立場で It's really cheap. と言うときの really は「本当に (安い)」の意味です。逆に店員の立場でお客に「それ、高いでしょう?」と言われ、It's really cheap. と返す場合は「(高そうに見えても) 意外と本当は安い」に聞こえるでしょう。同じ文でも、会話の流れで意味が変わってきます。

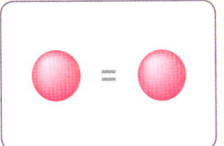

PART4 できると思われる! 形容詞・副詞

理解を深めよう！

「本当に」を使い分けよう

- **I'm getting really bored with this movie.**
  この映画には本当に飽き飽きしています。

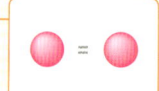

- **This is actually my first time to leave Japan.**
  実は今回初めて日本に来ました。

- **I'm terribly sorry about not getting permission.**
  許可を得ていなくて本当にすみません。

- **You did an incredibly good job.**
  非常によいお仕事をされました。

- **I'm seriously thinking about quitting.**
  仕事を辞めようかと真剣に考えています。

「本当に」を表すreallyは、事実をそのまま伝える表現になります。本当に退屈しているならばreally bored、本当に好きであればreally like。一方actuallyは「実は」の意味があります。

terriblyはterrible「恐ろしい／ひどい」の副詞で「恐ろしく／すごく／非常に」の意味になり、terribly sorryはreally sorryやvery sorryに比べてずっと丁寧な謝罪になります。

またincrediblyは「本当に／とても」に「信じられないほどの」の意味が込められています。

seriouslyは「真剣に／冗談抜きで」という意味になります。

レッスン 2

terribly sorry

本当に申しわけない

an incredibly good job

非常によい仕事

seriously think

真剣に考える

PART 4 できると思われる！形容詞・副詞

とっさのワンフレーズ

I really don't know.

本当に知らないんです。

　窮地に追い込まれそうな誰かに「あなた知っている？」と聞かれた場合、I don't know.「知らない」では「あまり興味もないし…」と聞こえる可能性が。そんなときreallyの1語を加えれば「考えても考えてもどうしてもわかりません」のニュアンスが出せます。

レッスン 3

形容詞

lazy / idle

暇な時間は何してたの？

人間でも機械でも、何もしていない、稼働していないときがあります。それを「怠けた／怠惰な」と表現するなら、「なぜその状態か」が重要です。

アメリカでは暇な時間何してたの？

Aoi is lazy.
（葵は怠け者だ）

どうせ家の手伝いもせずダラダラ過ごしてたんだろ

ムッ

失礼ね！

家では大活躍だったわよ！

主に力仕事でね！

なるほど…

コアイメージをチェック 違いをみてみよう！

a lazy man
怠け者の男

　何もせず怠けていても何かしらの理由があるidleと違い、lazyはやるべきことがあっても、「働くことをいやがる」という意味合いになります。その状態であれば、誰からも認められず、lazyと言われた時点で非難されていると思ってもよいでしょう。a lazy answerなら「いい加減な答え」の意味があります。

an idle man
何もしていない男

　idleは人間であれば「仕事がない／働いていない」➡「何もしていない」状態を言います。ただ、何かしら理由があって「怠けた」状態にいるということで、必ずしも責める意味にはなりません。一方、機械では「本来もっている機能を動かしていない状態」を言います。「エンジンのアイドリング」はここからきています。

PART 4 できると思われる！形容詞・副詞

ワンランクアップ 理解を深めよう!

「怠惰な」を使い分けよう

- **This factory has been idle for three years.**
  この工場は3年間も稼働していません。

- **He's too lazy to go find a job.**
  彼は怠け者で仕事を見つけに行きません。

- **I have a bank account, but it's inactive.**
  口座がありますが、使われていません。

- **The safety inspector was negligent.**
  保安監察員は職務怠慢でした。

　人間や機械などが稼働していない場合、工場がidleなら何らかの事情で活動してないことを表しますが、「負」のイメージはありません。反対にlazyは単に「怠けている」の意味になります。
　この場合のinactiveは「使われていない／不活発な」を表し、negligentは「なすべき義務を怠っている」で「職務怠慢」の意味になります。

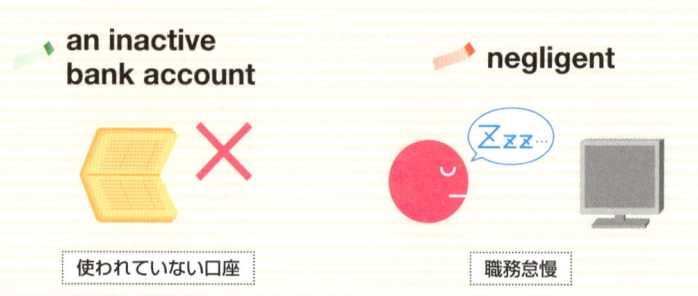

- **an inactive bank account**
  使われていない口座

- **negligent**
  職務怠慢

レッスン 3

使える! ネイティブ表現

- **Get busy, lazybones.**
  さあ、仕事にとりかかって、怠け者さん。

- **I spent a lazy day at home.**
  家でのんびりした。

- **There's too much idle talk.**
  無駄話が多すぎます。

> **ポイント** idleは「普通なら動いているが何かの事情で動いていない」のイメージですが、idle talkは「無駄口／無駄話」の意味になります。

Quiz （　）の中に入るのは lazy？ idle？

Stop the (　　) talk.
無駄話はそこで終わり。

いけないとわかっていても、ついつい長引いてしまうのが無駄話。lazyもidleも「怠けた／怠惰な」の意味があるので、どちらでもいいように思いますが、働かなければならないときに話しているのが無駄話なので、この場合はidle talkで「無駄話」の意味。　　［答え］ idle

PART 4 できると思われる！ 形容詞・副詞

レッスン4 sound / healthy

形容詞

健康的な食生活を心がけよう。

日本語では「健康的な」は肉体的な健康を表し、「健全な」は精神的な健康を表すという大雑把な分け方がありますが、英語でも形容詞を使い分けます。

あれ？
帰国直後より
だいぶスリムに
なったね

ええ！
大好きな俳優さんが
健康料理番組を始めて…

For a strong body and
a sound mind,
let's try to live
a healthy life.
（強い体と健康な精神のために
健康的な生活を心がけましょう）

って！
食事変えたら
すぐ戻ったの

さすが
ぺこみち
くん！

やせたのは
めでたいけど
新たなライバルが…

コアイメージをチェック 違いをみてみよう!

a sound mind
健全な精神

　soundは「考え方や状態に欠陥や偏向がない」ことを表します。a sound financial situationは「健全な財政状態」、a sound way of thinkingは「(社会の規範に照らして) 偏りのない考え方」の意味です。a sound mind in a sound body「健全な精神は健全な肉体に宿る」は心身ともに健康で異常のないことを示しています。

a healthy complexion
健康的な顔色

「健康的な」を表す最も一般的な形容詞healthyは、幅広い意味をもち、「病気ではない」状態を表します。a healthy complexion「健康的な顔色」も健康であればこそです。健康診断などで使われる「健康状態」はhealth conditionsです。またa healthy appetiteとは、健康な人間の「当然で健全な食欲」です。

理解を深めよう！

「健康な」を使い分けよう

- **George seemed healthy to me.**
  ジョージは私には健康に見えました。

- **Sally has a sound mind.**
  サリーは健全な精神をもっています。

- **She's old, but she has a strong body and mind.**
  彼女は年を取っていますが、健康な肉体と精神があります。

- **Sally made a hearty meal for everyone.**
  彼女は皆に健康的な食事を用意しました。

「病気ではない」状態を表すhealthyは身体の健康を表す以外にも、healthy desire「健全な欲求」のようにも使われます。また「考え方が健全である」場合は「社会的な規範に照らして偏りがない」のでsoundです。

一方身体や精神に使う場合のstrongは心身の強さを表し、heartyは「栄養たっぷりの」を意味します。

a strong body and mind
健康な肉体と精神

a hearty meal
健康的な食事

使える! ネイティブ表現

- **He has a healthy appetite.**
  彼はよく食べる人です。

- **Early to bed and early to rise makes a man healthy, wealthy, and wise.**
  早寝早起きは人を健康、裕福、利口にします。

- **Everyone's safe and sound.**
  全員が無事です。

  ポイント　「危険もなく無事に」を意味するのがsafe and soundです。日常会話でも He came home safe and sound.「彼は今日も無事に帰りました」のように気軽に使えます。

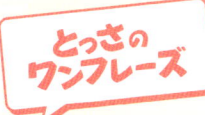

とっさのワンフレーズ

I fell into a sound sleep on the train.

電車でぐっすり寝込んでしまいました。

状況にもよりますが、ぐっすり寝込んでしまうということは心も身体の状態も、全体的にすぐれていることを意味しています。この場合はa sound sleep「健全な眠り」となります。Thanks for your sound advice. なら「堅実な／健全な忠告をありがとう」という意味です。

レッスン 5 — ill / sick 　形容詞

気分が悪い…。

「具合が悪い／気分が悪い」を表すfeel illとfeel sickは、使い方やニュアンスが異なる部分もあります。

I can't believe I'm ill in the hospital.
（病院で入院することになるなんて…）

早く元気になるようにとっておきの写真持ってきたよ

それってもしや！

ケイ…

I'm feeling sick.
（気分が悪い…）

あっ！間違えた　これはバイト先の余興の写真！

かんごしさーん！来てー！

コアイメージをチェック 違いをみてみよう！

I'm **ill** in the hospital.
病気で入院する。

　sickが「体調不良」を表すのに対してillは多くの場面では「病気」、それも重い病気を表します。ill in the hospital「入院している」と聞いた人は「その人が長期の病気」だと考えるでしょう。精神の病はsickではなくHe's mentally ill.のように表します。またillはspeak ill of〜「〜を悪く言う」のようにも使われます。

I'm feel **sick**.
気分が悪い。

　「体調不良」を表すのであればI'm sick. / I feel sick.ですが、同じく「吐き気がする」の意味にもなり、ここがillと大きく違うところです。I get carsick / seasick.は「車酔い／船酔いする」の意味になります。また「もう飽きたよ／うんざりする」と言いたいときは、get sick of〜で表すことができます。

PART 4 できると思われる！形容詞・副詞

理解を深めよう！

「具合が悪い」を使い分けよう

- **My grandmother has been ill for three months.**
  祖母は3か月もの間病気です。

- **Sally got sick on the airplane.**
  サリーは飛行機で気分が悪くなりました。

- **George is in bad health, so he can't come.**
  ジョージは体調が思わしくないので来られません。

- **He always looks unhealthy.**
  彼はいつも具合が悪そうに見えます。

- **I'm feeling unwell.**
  あまり気分がすぐれません。

　illは「具合がよくない」というより、むしろ「病気」の意味になります。3か月も具合が悪ければ、これはillにほかなりません。
　sickは「体調不良」のみならず「吐き気がする」などの「気分の悪さ」を表します。
　badはfeel badとすると「不愉快に思う／後悔する」となりますが、in bad healthなら「体調が思わしくない」の意味で、sickよりも幅広く使えます。
　unhealthyは、どちらかと言えば「普段から」病気にかかりやすいイメージ。wellの反対語のunwellは「気分がすぐれない／調子がよくない」ときに使われます。

レッスン 5

- **in bad health** — 体調が思わしくない
- **unhealthy** — 具合が悪い
- **feeling unwell** — 気分がすぐれない

PART 4 できると思われる！形容詞・副詞

どっちがどっち？

serious 真面目な　　**seriously** 重く／ひどく

He was serious.「彼は真面目だ」のように形容詞のseriousは「真面目な」の意味。Serious?なら「マジ？」。Get serious.なら「真面目に考えなさい」の意味。一方、He was seriously injured.は「彼はひどくケガをした」の意味で「彼は重傷を負った」ということ。

レッスン 6 — slender / skinny 〔形容詞〕

もともとガリガリの犬なんだ。

「やせている」がほめ言葉なのか、そうでないのかは、受け止める人の気持ちにもよりますが、この2語には明らかな違いがあります。

They're so slender.
(すらっとした女性ね)
素敵だわ

女子って服とかお揃いにするの好きですよね〜
…!?

最近の女性は犬の体型までお揃いにするんですか!?
は!?

あぁ…
That breed of dog is skinny.
(もともとガリガリの犬種なんだよ)

コアイメージをチェック 違いをみてみよう！

a slender woman
すらりとした女性

「やせている」も、「すらりとしている」から「ガリガリ」までありますが一番のほめ言葉になるのが slender。ただ「細身」であるだけでなく、「すらりとした」という意味があり、背が高い人を slender と言います。女性だけでなく男性にも使いますが、女性に使うときは「美しさ」を示す言葉でもあります。

a skinny dog
ガリガリの犬

a skinny dog を見たら、Poor dog!「何てかわいそうな犬なの！」と思わず考えてしまうかもしれません。skinny には「骨と皮ばかりの／ガリガリの」の意味があり、肉がなく皮膚が骨に張り付いた様子を表します。また生き物以外でも使われ、たとえば脚にぴったり貼りつくズボンやジーンズを skinny pants / jeans と言います。

PART 4 できると思われる！形容詞・副詞

理解を深めよう！

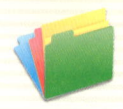

「やせた」を使い分けよう

やせているの度合い

- **She got really slender and became a marathon runner.**
  彼女は本当にスラリとし、マラソンランナーになりました。

- **George isn't slim, but he's not fat either.**
  ジョージはやせてはいませんが、太ってもいません。

- **My doctor told me I'm too skinny.**
  医者にやせすぎだと言われました。

- **After being in the hospital for a month, Sally looked really thin.**
  1か月入院して、サリーは本当にほっそりしたように見えました。

- **If you don't eat more, you'll look bony.**
  もっと食べないと、やせこけて見えちゃいますよ。

　健康的に美しくやせて魅力的なのがslenderで、身長が高いイメージです。一方slim「やせている」は、slenderと同じくほっそりしてきゃしゃな感じで「魅力的な」の意味を含みますが、身長の高さは感じさせません。skinnyは「ガリガリな」の意味でtoo skinny「やせすぎ」であれば、医者は懸念を示すはずです。
　thinは「やせている」を一般的に表す言葉ですが、「病気などの原因によりやせている」という意味もあります。
　bonyはbone「骨」の形容詞で「骨ばってやせこけている」の意味になります。

レッスン 6

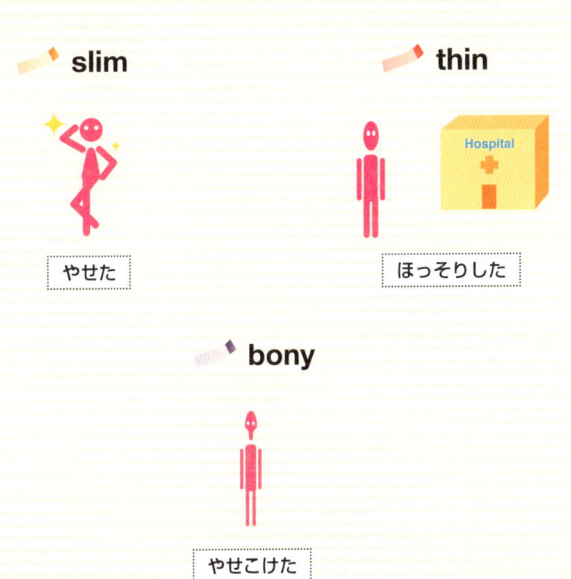

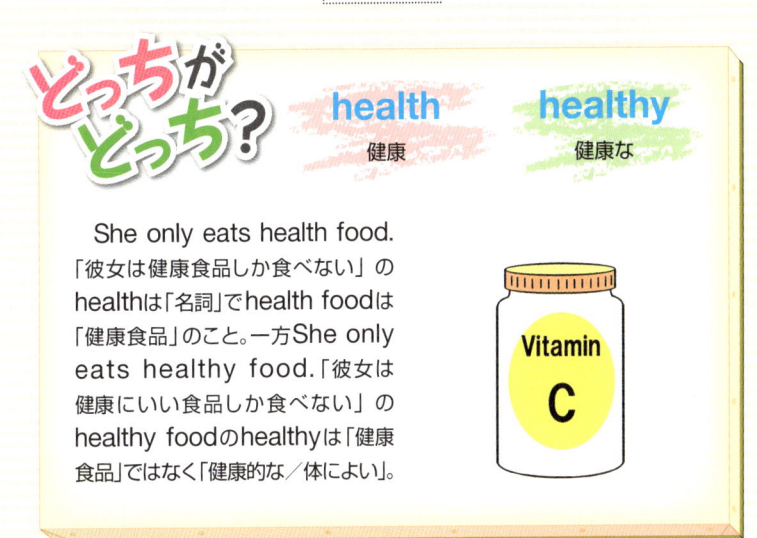

slim
やせた

thin
ほっそりした

bony
やせこけた

PART 4 できると思われる！形容詞・副詞

どっちがどっち？

health 健康　　**healthy** 健康な

She only eats health food.「彼女は健康食品しか食べない」のhealthは「名詞」でhealth foodは「健康食品」のこと。一方She only eats healthy food.「彼女は健康にいい食品しか食べない」のhealthy foodのhealthyは「健康食品」ではなく「健康的な／体によい」。

レッスン 7 —形容詞—
overseas / foreign

外国でも日本の情報は必要だしね。

foreignもoverseasも「外国」を表しますが、この2つの言葉で決定的に違うのがseas「海」です。overseasは「海を越えた外国」という意味です。

留学中は
I always listened to overseas broadcasts from Japan.
(日本からの海外向け放送をよく聴いてたわ)

There's a need for information about Japan even in foreign countries.
(外国でも日本の情報は必要だしね)

安全情報でも聴いてたの？

ううん

のど自慢聴いてたの

アメリカまで行って何聴いてるのよ…

コアイメージをチェック 違いをみてみよう！

an overseas broadcast
海外向け放送

　foreignが海を隔てない「外国の」を表すのに対して、海を隔てる「外国の」はoverseasで表します。an overseas broadcastと言うと、いかにも海を越えて電波が飛んでいくイメージがあります。またa foreign bank in Japanは「在日外国銀行」ですが、an overseas bank in Japanではピンときません。

a foreign country
外国

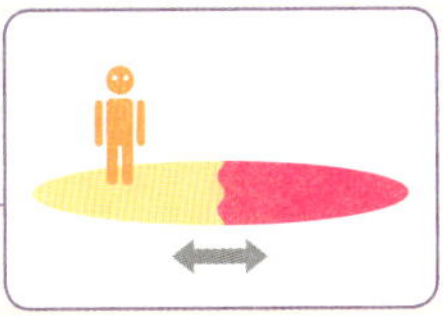

　a foreign country「外国」と言う場合、international「国際」とは違い、自国以外の国を指します。foreignには「異質な／なじまない」の意味があります。そのためforeigner「外国人」と言われることを好まない外国の人たちもいます。またアメリカにとってメキシコは海を隔てていないのでa foreign countryとなります。

PART 4 できると思われる！形容詞・副詞

理解を深めよう！

「外国の」を使い分けよう

- **Sally got a job with a foreign bank.**
  サリーは外国銀行に就職しました。

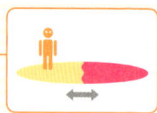

- **I've never been on an overseas vacation.**
  今まで一度も休暇を外国で過ごしたことはありません。

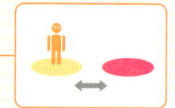

- **The small factory grew into an international manufacturer.**
  小さな工場が国際的な製造会社になりました。

- **I always carry my alien registration card.**
  私はいつも外国人登録証を携帯しています。

同じ外国でも陸続きの「外国」であればforeign、海を隔てればoverseasですが、国境のない日本にとっての「外国」はどちらでもOKです。

internationalは「自国」を含む「国際の／国際間の」の意味で、国際機関はan international organizationとなります。

alienは「外国の／外国人の」を意味するlegal term「法律用語」です。

レッスン 7

PART 4 できると思われる！形容詞・副詞

- **an international manufacturer**

国際的な製造会社

- **an alien registration card**

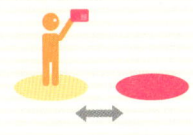

外国人登録証

Quiz
（　）の中に入るのは foreign？ overseas？

I studied (　　) policy in college.
私は大学で外交政策を勉強しました。

外交政策は foreign policy。overseas も「外国の」という意味ですが、overseas policy とは言いません。「国内政策」は domestic policy。foreign affairs は「外務」の意味で、これを執り行う省 Ministry of Foreign Affairs は「外務省」の意味。[答え] **foreign**

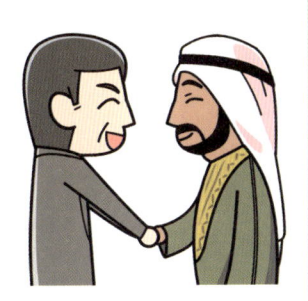

レッスン **8**　形容詞

shy / embarrassed
恥ずかしがらないで。

「恥ずかしい」場面はさまざまです。人前でもじもじしてしまう「恥ずかしがり屋」さんもいますし、駅でこけてしまい「恥ずかしい」ときも…。

Don't be so shy.
（恥ずかしがらないで）

言っちゃいなよ

もじ
もじ

あの…
山口さん

まさか俺もついに
モテ期到来か…!?

な…
何だい…？

キーッ

チャック
空いてます！

あー
I was
embarrassed.
（恥ずかしかった）

あわ
あわ

コアイメージをチェック 違いをみてみよう！

Don't be shy.

恥ずかしがらないで。

「恥ずかしがり屋」で人前でついもじもじしてしまう少女をShe's a shy girl.と言いますが、shyは何かについて恥ずかしがるのではなく「おとなしくためらいがちな性格」に対して使います。Don't be shy.には「恥ずかしがらないで」の意味のほかに「ためらわないで」という励ましの気持ちも込められています。

I was embarrassed.

恥ずかしかった。

　性格的にshyでなくても恥ずかしいときはあります。急いでいて電車のドアに挟まれたなど、たとえ男性であっても恥ずかしいものです。このようにしくじったり、恥をかいた場面での「恥ずかしかった」はI was embarrassed.であり、その場面でのみの感情です。まさに「チョー恥ずかしかった！」のイメージです。

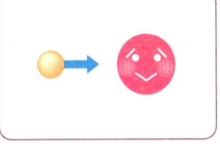

PART 4 できると思われる！ 形容詞・副詞

理解を深めよう！

「恥ずかしい」を使い分けよう

- **My daughter is a little shy.**
  娘は少し恥ずかしがり屋です。

- **I dropped my drink.
  I was so embarrassed.**
  飲み物を落としちゃってすごく恥ずかしかった。

- **I was so ashamed of myself for lying.**
  嘘をついたことを大変恥じています。

- **Your rude comments at the meeting were shameful.**
  打ち合わせでのあなたの無作法なコメントは恥ずべきことでした。

- **Sally is still really sensitive about her divorce.**
  サリーは離婚についてまだ傷つきやすくなっています。

「恥ずかしい」気持ちは、何かしでかしてしまった「瞬間的な恥ずかしさ」と、「恥ずかしがり屋」の性格的なものの2種類があります。embarrassedは前者で、原因があって「恥をかいた／きまりが悪い」ときに浮かぶ感情。一方shyは後者で性格を表します。

また「何かを恥じ入る気持ち」はashamedを使います。その反対に、相手の言動などに対して「恥ずべきである」と言いたいときはshamefulで表現します。

sensitiveは恥ずかしい気持ちと傷つきやすい気持ちがごちゃまぜになっている感情を言います。

レッスン 8

ashamed 恥ずかしい

shameful 恥ずべきこと

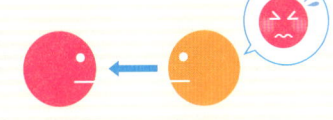

sensitive 傷つきやすい

PART 4 できると思われる！形容詞・副詞

とっさのワンフレーズ

I'm ashamed to say this, but...

お恥ずかしい話なんですけど…

　自分に対する恥ずかしさを表すashamedを使ったashamed to say this, but...は、言いにくいことを切り出す際、「恥ずかしいことは十分承知していますが…」と相手に気持ちを伝えることができる前置き表現。これで相手はあなたの発言に対する心の準備ができるはず。

レッスン9

形容詞

disappointed / shocked
がっかりしているわ。

「がっかりする」とき、人は失望したり、ショックを受けたりします。英語ではその原因がどんなことなのかによって選ぶ形容詞が異なります。

やっぱり…
Mike's really disappointed.
（マイクがっかりしてるわ）

落ち込むなよ
葵も反省してるんだ

コンコン

謝ってこいよ
僕もついてくから

何のこと？
僕は忍者特番が
延期になったから…

よかった
人形の武器
なくしちゃったこと
怒ってなかったのね

かわりにアメ差しといたの
いちご味

I'm really shocked!
（超ショックだよ!?）

えっ？ちょっ？
なにこれ!?

コアイメージをチェック 違いをみてみよう！

I was disappointed.
がっかりした。

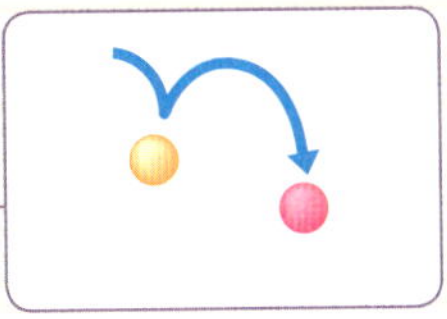

　努力してきた入試の結果が残念ながら不合格で I was disappointed with the results. 「(結果には) がっかりした」のであれば、自分の期待や予想などが裏切られたという思いがあります。急激な気持ちというよりも、じわっとこみ上げ持続するイメージです。disappointed は disappoint「失望させる」の過去分詞形です。

I was shocked.
ショックだ。

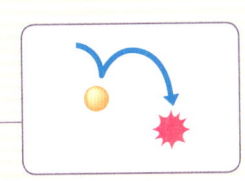

　ある結果やニュースを聞いて I was shocked. と言う場合、「じんわりと感じる」be disappointed と違い、「急激ながっかり」➡「ビックリした」という驚きの気持ちが多分にあります。I was shocked and disappointed. 「ショックを受け、失望の気持ちになる」のように両方を並べることもできます。

理解を深めよう!

「がっかり」を使い分けよう

- **Everyone was disappointed by the results.**
  すべての人が結果に失望しました。

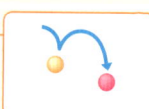

- **I was shocked to hear that Sally was transferred.**
  サリーが転勤になったと知ってショックでした。

- **I'm sorry to hear that you'll be quitting.**
  あなたが止めることを聞いてとても残念です。

- **George was upset to hear that you won't be able to come.**
  君が来られないと聞いてジョージは動揺しました。

- **Try not to get discouraged.**
  くじけないようにね。

　disappointedは、心配したり期待したり、心の中にあったことに対して予想に反した結果が出たときに感じる「失望」を表します。
　その反対にshockedは驚きとともに急に感じるガッカリな気持ちです。I'm sorry to hear～は残念な気持ちを表す定番表現ですが、相手に対して「お気の毒に」の気持ちを表すなど、幅広く使えます。
　upset（➡P104）は「怒り」の表現としても使えますが、動揺して平静を保っていられない状況を表します。discouragedは「気持ちがくじける／気を落とす」➡「なかなか立ち上がれない」気持ちです。

レッスン 9

◆ **I'm sorry.** ← NEWS
残念に思う

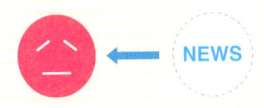

◆ **I'm upset.** ← NEWS
動揺している

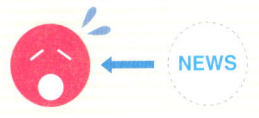

◆ **I'm discouraged.** 
くじけている

PART 4 できると思われる！形容詞・副詞

どっちがどっち？

terrible ひどい　　**terribly** すごく・非常に

　形容詞 terrible「おそろしい」は、Everyone thinks you're terrible.「皆、君のこと、ひどいと思っているよ」という意味にも。副詞ならEveryone thinks you look terribly busy.「忙しそうだね」。terriblyはよいことにも使え、ちょっと上品な響きもあります。

レッスン 10 finally / eventually

副詞

ついに結婚…!?

「結局」と一口に言っても「まあ、いろいろあったけど」のときもあれば、「ようやく！」という場合も。そこに至る過程でも英語は使い分けます。

昨日のあのドラマ見た？
They finally got married.
（彼らついに結婚したね）

羨ましいかヘタレ翔太？

ふ、ふん！
I'm going to marry Kate, eventually.
（僕だって最後には
ケイトさんと結婚を…）

何話してるの？

け、ケイトさん！
いやあのその…

結婚までは
まだ遠そうだな…

もどろ　しどろ

ぷぷっ

コアイメージをチェック 違いをみてみよう！

finally get married
ついに結婚した

　finally get marriedは長い時間をかけてきた結果に対して、感情を交えずに「ついに結婚した」事実を淡々と述べています。この場合finallyという言葉から、「結婚願望のあった人がようやく結婚できた」という含みがあります。You finally passed the examination！と言えば「ついにやったわね！」というニュアンスです。

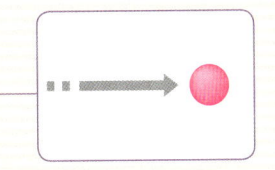

eventually get married
最後には結婚する

　eventually get marriedは「結婚」に至るまでさまざまな出来事（event）があり、それらを経て、「最終的に結婚に至った」ことを表します。またeventuallyは過去形の文だけでなく、He'll eventually leave Japan.「彼は（それまでに紆余曲折はあったが）最終的には日本を発つ」と未来形の文にも使えます。

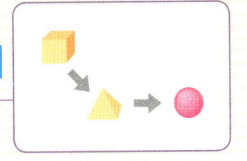

理解を深めよう！

「結局」を使い分けよう

- **I eventually got a response from everyone.**
  最終的には全員から回答をもらいました。

- **I finally finished the report.**
  ついにレポートを書き終わりました。

- **You found a job! At last!**
  仕事を見つけたのね！　とうとう！

- **He doesn't like me after all.**
  結局彼は私が好きじゃなかったのね。

「結果」に至るまでの経過と、その「結果」を受け止める気持ちで、表現は違ってきます。event「できごと」を語源とするeventually「最終的には」はあるできごとが紆余曲折を経てその結果に至った場合を表します。finallyは形容詞final「最終的な／最後の」の副詞ですが、長い時間をかけて過去に起きたこと、あるいはつい最近起きたことに対して「ついに／やっと」の意味になりますが、結果がよい場合にも、悪い場合にも使います。

　副詞句at lastは「結局」「時間をかけてよく〜した／できた」の含みがあり、結果がよかった場合に使います。

　またafter allは長い説明や迷いの後に、「最後には〜した」の意味になります。

レッスン 10

at last

ついに（見つけた）

after all

結局（好きではなかった）

PART 4 できると思われる！形容詞・副詞

とっさのワンフレーズ

I thought it would never end.

一生終わらないかと思った。

neverはeventuallyやfinallyと同じく副詞で「決して〜ない」という強い否定を表します。この文ではI thought it would never end.「それは決して終わらないかと思った」と過去形になるので、すでに心配ごとが終わった、過去のものとなったことがわかります。

形容詞・副詞の索引

*赤字は形容詞、青字は副詞です。

A
- accurate 正しい ……………………134
- actual 本当の ……………………130
- actually 本当に ……………187,188
- adorable かわいい ………………54
- advance 前 …………………………46
- after all 結局 ……………………220
- aged 年取った ……………………178
- ago 前 …………………………45,46
- alien 外国の ………………………208
- all 全部の …………………………67,68
- all the time いつも ………………88
- a lot of たくさんの ………………30
- always いつも ……………………87,88
- amazing すばらしい／面白い …96,154
- ancient 古い ………………………184
- angry 怒った ……………………103,104
- antique 古い ……………………183,184
- appetizing おいしい ………………100
- ashamed 恥ずかしい ……………212
- at last 結局 ………………………220

B
- before 前 ………………………45,46
- big 大きい ………………………21,22
- bony 痩せた ………………………204
- bright 頭がいい ……………………62
- broad 広い ………………………91,92

C
- calm 静かな ………………………108
- certain 確かな …………………119,120
- characteristic 個人の ……………146
- chilly 冷たい ………………………112
- chubby 太った ……………………150
- classic 古い ………………………184
- classical 古い ……………………184
- clever 頭がいい …………………61,62
- clearly 間違いなく／明確に ……63
- cold 冷たい ………………111,112,113
- common 普通の …………………138
- complete 全部の …………………68
- cool 冷たい ………………………111,112
- correct 正しい ……………………134
- costly 高い …………………………38
- cute 小さい／かわいい …26,53,54

D
- damp 湿った ………………………31
- definite 確かな ……………………120
- delicious おいしい ………………99,100
- determined かたい ………………170
- disappointed がっかり …………215,216
- discouraged がっかり ……………216

E
- earlier 前 ……………………………46
- early 早い …………………………80
- elderly 年取った …………………178
- embarrassed 恥ずかしい ………211,212
- enjoyable 面白い …………………154
- entire 全部の ……………………68
- eventually 結局 …………………219,220
- exact 正しい ………………………134
- exactly ちょうど …………………71,72
- expensive 高い ……………………38

- expert 専門の …………173,174,175

F
- factual 本当の ……………………130
- false 間違いの ……………………157,158
- famous 有名な ……………………141,142
- fantastic すばらしい ………………96
- fast 早い …………………………79,80
- fat 太った ………………………149,150
- final 最後の ………………………75,76
- finally 結局 ………………………219,220
- fine よい ……………………………33,34
- firm かたい ………………………170
- fishy おかしい ……………………162
- foreign 外国の ……………………207,208
- fortunate 幸せな …………………126
- freezing 冷たい ……………………112
- funny 面白い／おかしい
  ……………153,154,155,161,162,163
- furious 怒った ……………………104

G
- generally いつも …………………88
- glad 幸せな ………………………126
- good よい／おいしい …33,34,35,100
- grand 大きい ………………………22
- great すばらしい …………………95,96,97

H
- happy 幸せな ……………………125,126,127
- hard 一生懸命／かたい ……167,169,170,171
- hardly めったに〜ない ……………165,166,167
- healthy 健康な ……………………195,196,205
- hearty 健康的な …………………196
- heavy 太った ……………………149,150,151
- high 高い …………………………37,38
- honestly 信じて／正直に …………55
- hot 暖かい ………………………115,116
- huge 大きい ………………………22
- humid 湿った ………………………31
- humble 低い ………………………42
- humorous 面白い …………………154

I
- icy 冷たい …………………………112
- idle 怠惰な ………………………191,192
- ill 具合が悪い ……………………199,200
- inactive 怠惰な …………………192
- in bad health 具合が悪い ………200
- incorrect 間違いの ………………158
- incredibly 本当に …………………188
- individual 個人の ………………146
- inexact 間違いの …………………158
- intelligent 頭がいい ………………62
- interesting 面白い ………………153,154
- international 外国の ……………208
- invalid 間違いの …………………158
- irritated 怒った …………………104

J
- just ちょうど ………………………71,72

L
- large 大きい ………………………21,22
- last 最後の ………………………75,76
- late 遅くに …………………………85
- lately 最近 ………………………83,84,85

lazy	怠惰な	191,192
little	小さい	25,26,27
low	低い	41,42
lowly	低い	42
lovable	かわいい	54
lovely	すばらしい	96
lucky	幸せな	125,126,127
lukewarm	暖かい	116

M
mad	怒った	103,104
many	たくさんの	29,30
maybe	おそらく	57,58
mega	大きい	22
mild	暖かい	116
much	たくさんの／とても	29,30,50

N
negligent	怠惰な	192
never	決して～ない	221
new	新しい	185
nice	よい	34
normal	普通の	137,138,139
noted	有名な	142
notorious	有名な	142
nowadays	最近	84
numerous	たくさんの	30

O
obvious	確かな	120
odd	おかしい	162
often	いつも	88
okay	よい	34
old	年取った／古い	177,178,183,184
opportune	幸せな	126
ordinary	普通の	138
overseas	外国の	207,208
overweight	太った	150

P
peaceful	静かな	108
perhaps	おそらく	58
personal	個人の	145,146,147
petite	小さい	26
plenty of	たくさんの	30
popular	有名な	141,142
possibly	おそらく	58
precisely	ちょうど	72
pretty	かわいい	53,54
previously	前	46
private	個人の	145,146,147
probably	おそらく	57,58
professional	専門の	173,174

Q
quick	早い	79,80
quiet	静かな	107,108

R
rapid	早い	80
rarely	めったに～ない	166
real	本当の	129,130
really	本当に	187,188,189
recently	最近	83,84
regular	普通の	138
reserved	低い	42
right	正しい	133,134

S
satisfactory	よい	34
scarcely	めったに～ない	166
seldom	めったに～ない	165,166
senior	年取った	177,178,179

serious	真面目な／深刻な	151,201
seriously	本当に／重く／ひどく	188,201
sensitive	恥ずかしい	212
shameful	恥ずかしい	212
sharp	ちょうど	72
shocked	がっかり	215,216
short	低い	41,42
shy	恥ずかしい	211,212
sick	具合が悪い	199,200
silent	静かな	107,108
skinny	やせた	203,204
slender	やせた	203,204
slim	やせた	204
small	小さい	25,26
smart	頭がいい	62
so	とても	49,50,51
solid	かたい	169,170
sorry	がっかり	216
sound	健康な	195,196,197
spacious	広い	92
specialized	専門の	174
sporadically	めったに～ない	166
strange	おかしい	161,162,163
strong	健康な	196
sure	確かな	119,120
speedy	早い	80
still	静かな(形)／まだ(副)	108,109
such	とても	50
sweeping	広い	92
sweet	かわいい	54

T
tall	高い	37,38
tasty	おいしい	99,100
technical	専門の	174
terminal	最後の	76
terrible	ひどい	217
terribly	本当に／すごく	188,217
these days	最近	84
thick	太った	150
thin	細い	204
tiny	小さい	26
total	全部の	68
tough	かたい	170
true	本当の／正しい	129,130,133,134

U
ultimate	最後の	76
undeniable	確かな	120
unhealthy	具合が悪い	200
unwell	具合が悪い	200
upset	怒った／がっかり	104,216
usual	普通の	138
usually	いつも	87,88

V
vast	広い	92
very	とても	49,50

W
warm	暖かい	115,116,117
weird	おかしい	162
well-known	有名な	142
whole	全部の	67,68
wide	広い	91,92
wise	頭がいい	61,62
wonderful	すばらしい	95,96
wrong	間違いの	157,158,159

Y
yummy	おいしい	100

223

●著者紹介

デイビッド・セイン

[David A.Thayne]
アメリカ出身。これまで累計 400 万部の著作を刊行してきた英語本のベストセラー著者。英会話学校経営、翻訳、英語書籍・教材制作などを行うクリエーター集団「エートゥーゼット」（http://www.smartenglish.co.jp/）の代表を務める。東京文京区のエートゥーゼット英語学校の校長を務めると共に英会話教育メソッド「デイビッド・セイン英語ジム」（http://www.david-thayne.com）の監修も行なっている。

●イラストレーター
　紹介

高山わたる

[たかやま　わたる]
９月１日生まれのＡ型。広告イラストや学習書マンガを中心に活動中。
好きな生き物は、犬とちんあなごとメンダコ。
おもな著書に『笑って韓国語マスター ぷに韓』（中経出版）がある。

- ●執筆協力 ────── 窪嶋優子（有限会社エートゥーゼット）
- ●デザイン ────── 株式会社 ELENA Lab.
- ●DTP ─────── 洪　麒閎、菅沼祥平（株式会社スタジオダンク）
- ●編集協力 ────── 上原千穂（株式会社フィグインク）　穂積直樹

ネイティブはこう使(つか)う！
マンガでわかる形容詞(けいようし)・副詞(ふくし)

2015 年 6 月 10 日発行　第 1 版
2015 年 8 月 10 日発行　第 1 版　第 2 刷

- ●著　者 ─────── デイビッド・セイン
- ●発行者 ─────── 若松　和紀
- ●発行所 ─────── 株式会社西東社(せいとうしゃ)
  〒 113-0034 東京都文京区湯島 2-3-13
  営業部：TEL（03）5800-3120　　FAX（03）5800-3128
  編集部：TEL（03）5800-3121　　FAX（03）5800-3125
  URL：http://www.seitosha.co.jp/

本書の内容の一部あるいは全部を無断でコピー、データファイル化することは、法律で認められた場合をのぞき、著作者及び出版社の権利を侵害することになります。
第三者による電子データ化、電子書籍化はいかなる場合も認められておりません。
落丁・乱丁本は、小社「営業部」宛にご送付ください。送料小社負担にて、お取替えいたします。
ISBN978-4-7916-2269-6